STARK

ABITUR-WISSEN GESCHICHTE

Wilhelm Nutzinger

Die Ära Bismarck

Entstehung und Entwicklung des deutschen Nationalstaats

STARK

ISBN 978-3-89449-421-6

überarbeitete Auflage
www.stark-verlag.de
1. Auflage 2000

Inhalt

Vorwort

Die Zeit der „Reaktion" (1850–1858) 1
Das Scheitern der Revolution 1
Wirtschaftliche und gesellschaftliche Entwicklungen 2
Das Fortbestehen des Nationalgedankens 3
Die Restauration des monarchischen Staates 5
Der Dualismus zwischen Preußen und Österreich 8
„Reaktionäre" Politik und bürgerliches Leben 9

Die „Neue Ära" in Preußen (1858–1861) 11
Aufschwung des Nationalgedankens 11
Außenpolitische Schwächung Österreichs 12
Verfassungskonflikt in Preußen 14

Preußen unter Bismarck (1862–1866) 17
„Eisen und Blut" 17
Die „Lückentheorie" 19
Der Frankfurter Fürstentag 21
Der Konflikt um Schleswig und Holstein 22
Der Deutsche Krieg 24
Der Friede von Prag und seine Folgen 25

Auf dem Weg zum deutschen Nationalstaat (1867–1871) 29
Die Gründung des Norddeutschen Bundes 29
Konsequenzen für die süddeutschen Staaten 30
Konflikte mit Frankreich 31
Der Krieg gegen Frankreich 33
Im Vorfeld der Reichsgründung 35
Der deutsche Nationalstaat im europäischen Kräftefeld 36

Fortsetzung siehe nächste Seite

Die innere Reichsgründung 39
Die Ausgangssituation 39
Das Parteienspektrum 42
Die Reichsverfassung 44

Innenpolitische Konfliktfelder 49
Bismarcks „Schaukelpolitik" 49
Der „Kulturkampf" 51
Die liberale Ära 54
Der neue „Staatsfeind": Die Sozialdemokratie 58
Bismarcks Sozialpolitik 61
Gewerkschaften und Genossenschaften 62
Innenpolitische Konflikte 1879–1890 63

Die wirtschaftliche Entwicklung im Kaiserreich 65
Gründerjahre 65
Gründerkrise 66
Übergang zur protektionistischen Wirtschaftspolitik 68

Bismarcks Außenpolitik 71
Das Drei-Kaiser-Abkommen als Basis der deutschen Außenpolitik 71
Die Balkankrise des Jahres 1875 73
Der Berliner Kongress 74
Bündnispolitik als Instrument der Sicherheit 76
Kolonialinteressen 78
Der Rückversicherungsvertrag 79
Bilanz 80

Das Ende der „Ära Bismarck" 83
Bismarcks Entlassung 83
Fazit 87

Quellen und Literatur 89
Stichwortverzeichnis 91
Bildnachweis 98

Autor: Dr. Wilhelm Nutzinger

Vorwort

Liebe Schülerinnen und Schüler,

eine demokratische, pluralistische und weltoffene Gesellschaft ist für uns heute selbstverständlich. Erste Schritte auf diesem langen und oft unterbrochenen Weg wurden im 19. Jahrhundert unternommen. In der Zeit zwischen 1850 und 1890 veränderten sich in Deutschland die politischen, gesellschaftlichen und wirtschaftlichen Verhältnisse vehement: Liberale und nationale Bestrebungen sowie wirtschaftliche Erfordernisse führten zur **kleindeutschen Nationalstaatsgründung**. Deutschland wurde ein neuer **politischer Machtfaktor in Europa** und entwickelte sich nach außen zum stabilisierenden Element im Gefüge der europäischen Nationalstaaten.

Im Inneren markierten technische Errungenschaften, medizinischer Fortschritt, soziale Absicherung, die Entstehung von Interessenvertretungen und Parteien den unumkehrbaren Weg zu einer pluralistischen Industriegesellschaft.

Allerdings stieß das Zusammenwachsen dieses neuen Nationalstaates auf **Schwierigkeiten**: Die alten – monarchisch und militaristisch geprägten – Eliten aus Adel, Militär und Bürokratie, das aufstrebende Besitz- und Bildungsbürgertum, die zunehmende Zahl der Industriearbeiter, das eher immobile Bauern- und Handwerkertum, all diese von unterschiedlichen und sich zum Teil widerstrebenden Interessen geleiteten Gruppen bedurften einer staatlichen Führung, die eine integrierende und ausgleichende Politik betrieben hätte.

Aber **Otto von Bismarck** erwies sich als Protagonist einer rückwärts gewandten, absolutistischen Prinzipien verpflichteten preußischen Machtpolitik. Er schürte **innenpolitische Konflikte** eher als er sie beilegte und reagierte auf Widerstände mit rigorosen Unterdrückungsmaßnahmen. Seine **Außenpolitik** allerdings, geleitet von dem erfolgreichen Bestreben, Deutschland abzusichern, bescherte immerhin eine **langjährige Friedenszeit**.

Der vorliegende Band verdeutlicht die Zusammenhänge und Strukturen der Zeit zwischen 1850 und 1890, der Bismarcks Politik ihren unverkennbaren Stempel aufdrückte. Ihr Verständnis ist die primäre Voraussetzung für eine Erfolg versprechende Abiturvorbereitung. In die fortlaufende Darstellung sind Zitate aus Primär- und Sekundärquellen eingebunden, um einerseits die zeitgenössische Denk- und Argumentationsweise zu veranschaulichen und andererseits den Erkenntnisstand der historischen Wissenschaft aufzugreifen.

Dr. Wilhelm Nutzinger

Die Zeit der „Reaktion" (1850 –1858)

Chronologie	
April 1849	Ablehnung der Kaiserkrone durch den preußischen König Friedrich Wilhelm IV.
Mai 1849	Dreikönigsbündnis zwischen Preußen, Sachsen, Hannover; Ziel: Schaffung eines Bundesstaates ohne Österreich
März 1850	Scheitern der preußischen Unionspläne im Erfurter Parlament
November 1850	Vertrag von Olmütz: Einigung zwischen Preußen und Österreich: Restitution und Reform des Deutschen Bundes
1851	Bundesreaktionsbeschluss: Zensurinstrument gegen liberale Bestrebungen
1854	Bundes-Vereinsgesetz: staatliche Kontrolle des Vereinswesens
1853–1856	Krimkrieg: außenpolitische Isolation Österreichs

Das Scheitern der Revolution

Betrachtet man die Entwicklung Deutschlands zu Beginn der zweiten Hälfte des 19. Jahrhunderts, so ist eine politische Stagnation unverkennbar.

Nachdem der preußische König **Friedrich Wilhelm IV.** im April 1849 die ihm von den Beauftragten der Paulskirche angetragene Kaiserkrone als „mit dem Ludergeruch der Revolution" behaftet abgelehnt hatte, waren die Versuche liberaler und nationaler Gruppierungen, einen geeinten Verfassungsstaat zu schaffen, politisch gescheitert. Wenig später, im Juli 1849, erfolgte mit der Kapitulation der Festung Rastatt auch das militärische Ende der wenigen noch verbliebenen revolutionären Erhebungen.

Friedrich Wilhelm IV. (1795–1861)

Die Revolution war aufgrund der heterogenen Zielsetzungen der Revolutionäre, ihrer inneren Zerrissenheit sowie der fehlenden Massenbasis und Machtinstrumente gescheitert. Ein Jahrzehnt der **„Reaktion"**[1] begann. Es war zum einen gekennzeichnet von einer Restitution des Deutschen Bundes auf der Basis „legitimer" Fürstenherrschaft. Zum anderen war das Wiederaufleben des Dualismus zwischen Preußen und Österreich – der beiden territorial, wirtschaftlich und konfessionell unterschiedlichen Vor- und Flankenmächte dieses Bundes –ebenfalls Struktur bildend. Hinzukam das Bestreben der deutschen Mittelmächte, diesen paralysierenden Dualismus zu erhalten, um selbst politisch überleben zu können.

Wirtschaftliche und gesellschaftliche Entwicklungen

Gewiss beinhaltete die Zeitspanne zwischen 1850 und 1860 nicht die bahnbrechenden politischen, gesellschaftlichen und wirtschaftlichen Veränderungen, welche in der und durch die Napoleonische(n) Ära in Deutschland begründet worden waren. Dennoch wirkten von dort ausgehende Entwicklungen und **Reformen** (z. B. territoriale Flurbereinigung, vereinzelt Schaffung von Verfassungen, Gewährleistung der Rechtsgleichheit, Entstehung einer modernen Bürokratie, Bauernbefreiung, Gewerbefreiheit, Bildungsreformen, Heeresreform etc.) fort und beeinflussten zumindest mittelbar den Akt der Reichsgründung von 1871, dem somit eine prozesshafte Vorgeschichte zuerkannt werden muss[2]:

Auf **wirtschaftlichem Gebiet** bewirkte die in den verschiedenen Staaten des Deutschen Bundes durchaus uneinheitlich verlaufende Industrialisierung eine Verkoppelung von Wirtschaftsräumen. Der Ausbau von Verkehrs- und Nachrichtenwegen (Eisenbahnbau, Post und Telegrafie) verbesserte sowohl den Gütertransfer als auch die Mobilität der Arbeitskräfte. Die auf die Initiative **Friedrich Lists** zurückzuführende Gründung des **Deutschen Zollvereins** (1834) bedeutete eine wesentliche Etappe auf dem Weg zur wirtschaftlichen Integration. Alle wichtigen deutschen Staaten wurden nach und nach Mitglied im Zollverein, der einen staatenübergreifenden Markt mit ungehindertem Binnenverkehr und einheitlichen Außenzöllen realisierte. Bezeichnenderweise war und blieb das ethnisch heterogene und wirtschaftlich rückständige Österreich nicht Mitglied des Zollvereins. Der Zollverein entwickelte sich unabhängig von den politischen Erschütterungen weiter und begünstigte somit zumindest

1 Siemann, Wolfram: Gesellschaft im Aufbruch. Deutschland 1849–1871. Frankfurt / Main 1990, S. 32 ff.
2 Ullmann, Hans-Peter: Das Deutsche Kaiserreich 1871–1918. Frankfurt / Main 1995, S. 14 ff.

die Gründung eines kleindeutschen Nationalstaates und wies den Weg dorthin, obgleich die politischen Egoismen partikularstaatlicher Interessenvertreter diese noch mehrere Jahrzehnte verzögerten.

Gesellschaftliche Veränderungsprozesse waren ein wesentliches Kennzeichen der ersten Hälfte des 19. Jahrhunderts. Auch sie wirkten über die gescheiterte Revolution von 1848/49 hinaus fort und beeinflussten die Nationalstaatsbildung spürbar. Die Auflösung des Alten Reiches als Folge der napoleonischen Herrschaft führte gleichzeitig zu einer Zerstörung gewachsener politischer Strukturen und zu einer nachhaltigen territorialen Umgestaltung in Deutschland. Die Beseitigung bzw. Enteignung der traditionellen Herrschaftsträger (Adel, Kirche, Städte) führte zur Entstehung zusammenhängender Flächenstaaten, die – ausgehend von zentralen Institutionen (Ministerien) über verschiedene Stufen regiert wurden und in denen wegweisende Reformen eingeleitet wurden.

Das zunehmende Verschwinden ständischer Beschränkungen verlief parallel zu einem rapiden Bevölkerungswachstum. Die Bevölkerungszahl auf dem Gebiet des späteren Kaiserreiches verdoppelte sich von Beginn des 19. Jahrhunderts bis in die 70er-Jahre auf etwa 40 Millionen. Beide Prozesse steigerten die **Mobilität** in Deutschland erheblich, die zusätzlich insbesondere durch die Entstehung industrieller Zentren mit neuen Arbeitsmöglichkeiten gefördert wurde. Österreich hingegen verharrte weitgehend in alten ständischen Strukturen. Reformen kamen nur ansatzweise zur Geltung, gesellschaftliche und wirtschaftliche Mobilität waren nicht zu verzeichnen.

Das Fortbestehen des Nationalgedankens

Der **Nationalgedanke** prägte Deutschland seit Beginn des Jahrhunderts. Er war auch durch zahlreiche staatliche Restriktionen in der Restaurationszeit (Zensur, Verhaftungen) und nach der gescheiterten Revolution von 1848/49 nicht auszumerzen. Entstanden war er in der Zeit der napoleonischen Fremdherrschaft in Deutschland als Ausdruck des gemeinschaftlichen Willens, sich gegen den Usurpator zur Wehr zu setzen. Seine Wurzel hatte er in der Vorstellung von der durch gemeinsame Geschichte, Tradition und Sprache getragenen **Kulturnation**. Die Bewusstwerdung einer nationalen Gemeinschaft war demnach nicht das Ergebnis eines inneren Identifikationsprozesses, sondern begründet in der Erkenntnis der Notwendigkeit des Zusammenhalts gegen den Feind von außen. Der Sieg über Napoleon in der Völkerschlacht bei Leipzig 1813 entfachte bei den national und liberal gesonnenen Zeitgenossen die trügerische Hoffnung, dass ihr Engagement auch in die Schaffung einer **politischen Nation** münden könnte. Das patriotisch empfundene Erlebnis des Befreiungskampfes wirkte insbesondere auf die Intellektuellen und die Jugend.

Der **Wiener Kongress** (1815) dagegen führte zu einem Wiedererstarken der fürstlichen Kräfte auf der Basis des monarchischen Prinzips im **Deutschen Bund**, der weder in politischer noch ethnischer Hinsicht ein Nationalstaat war. Die Neuordnung in Deutschland war zudem Ergebnis eines internationalen Kongresses, dem an einer Aufrechterhaltung des Mächtegleichgewichtes in Kontinentaleuropa gelegen war, nicht aber an der Schaffung eines geeinten und damit starken deutschen Staates in Mitteleuropa. Infolgedessen bekämpfte man auch die nationalen Bestrebungen in den einzelnen europäischen Staaten, die darüber hinaus den Zielen des Wiener Kongresses – Restauration der als legitim betrachteten Fürstenherrschaft, Festigung der fürstlichen Souveränität – zuwiderliefen.

Ähnliches wiederholte sich nach der gescheiterten Revolution von 1848/49 und führte die machtpolitische Wirkungslosigkeit der liberalen und nationalen Bestrebungen erneut vor Augen. Allerdings war der zum Leben erweckte Wunsch eines Nationalstaates mit liberalen Elementen nicht mehr abzutöten. Er wirkte seit den 40er-Jahren in einer Vielzahl von **Turn-**, **Sänger-** und **Schützenvereinen** weiter, die sich – obwohl nicht kollektiv organisiert – mehr und mehr als Träger des nationalen Gedankens profilierten, ihn in der Öffentlichkeit verankerten und Verbindungen über einzelstaatliche Grenzen hinweg pflegten.

Der „Erste Karlsruher Bicycle-Club von 1882" bei einer Ausfahrt 1887.

Dies war möglich, weil damit gleichzeitig ein Aufschwung der Buch- und Zeitschriftenproduktion einherging, die wiederum Folge der durch die Bildungsreformen gesteigerten Lesebereitschaft eines breiteren Publikums war.

Vereine spielten mehr als eine nur gesellschaftlich-private Rolle. In einer Zeit, in der öffentliche Betätigungen untersagt waren, boten Vereine das einzige Forum zur Artikulation des – zumeist national geprägten – **politischen Willens**, der in der Veranstaltung großer Feste und Feiern zum Ausdruck kam. Diese in zahlreichen Vereinen verankerten Bewegungen „nahmen in ihrem Wirken und auch in ihrem Selbstverständnis [...] also den Nationalstaat schon vorweg“[3], machten aber vor den Grenzen Österreichs halt.

Alle drei Erscheinungen – das wirtschaftliche Zusammenwachsen, gesellschaftliche Veränderungsprozesse und der lebendige Nationalgedanke – überdauerten die hartnäckigen Versuche politischer Restriktionen im und durch den Deutschen Bund und waren somit Wegbereiter für die nationalstaatliche Einigung Deutschlands 1871, die von der sich in den 1850er-, mehr noch in den 1860er-Jahren herauskristallisierenden Hegemonialmacht Preußen unter Bismarcks Führung verwirklicht wurde.

Die Restauration des monarchischen Staates

Das Scheitern der Revolution von 1848/49 bewirkte eine Trennung der liberalen und nationalen Bewegung. Die radikale Richtung der **liberalen Bewegung**, die sich durch egalitär-demokratische Forderungen auszeichnete, wurde durch Hinrichtungen, Einkerkerungen und Auswanderungen rigoros zerschlagen. Ihre Vorstellungen verbanden sich zum Teil mit sozialistischen Ideen. Dagegen erlahmten Kraft und Wille der gemäßigten Liberalen zu einer politischen Umgestaltung. Sie beschränkten sich auf das Mögliche, betrieben also **Realpolitik** und verlagerten den Schwerpunkt ihres Engagements auf den wirtschaftlichen Bereich.

Die **nationale Bewegung** verlor zwar ihre revolutionäre Kraft. Da sich aber die siegreichen alten politischen Kräfte des nationalen Gedankens annahmen, wurde dieser mit machtstaatlichen und konservativen Inhalten gefüllt. Gleichzeitig mit der Ablehnung der „Volkskrone“ forderte der Preußenkönig Friedrich Wilhelm IV. alle deutschen Staaten auf, einen gemeinsamen deutschen Bundesstaat aus der Taufe zu heben. Die Revolution „von unten“, wie sie von Vertretern der Paulskirche geplant worden war, sollte nun in Form einer Fürs-

3 Langewiesche, Dieter: Deutschland und Österreich: Nationswerdung und Staatsbildung in Mitteleuropa im 19. Jahrhundert. In: Geschichte in Wissenschaft und Unterricht (GWU) 12/1991, S. 761

tenunion zum selben Ziel führen, nämlich zu einem Bund der Deutschen Staaten, allerdings ohne Österreich. Erster konkreter Schritt hierzu war das zwischen Preußen, Sachsen und Hannover im Mai 1849 abgeschlossene **Dreikönigsbündnis**, dessen Kern die Vereinbarung darstellte, einen deutschen Bundesstaat ohne Österreich zu schaffen. Damit wurde schon frühzeitig deutlich, dass die Stoßrichtung der preußischen Politik in der Eliminierung Österreichs und der Ausübung der Hegemonie über Deutschland lag. In kurzer Folge schlossen sich 26 deutsche Kleinstaaten diesem nun **Union** genannten Bund an, doch hielten sich Bayern und Württemberg, die beiden bedeutenden süddeutschen Königreiche, fern, nicht zuletzt weil sie die preußischen Machtansprüche (innerhalb der Union) erkannten. Dies veranlasste auch Sachsen und Hannover zum Ausscheiden aus der Allianz mit Preußen. Die vier Staaten bekannten sich zwar nach außen hin weiter zur Reichseinheit, verlangten aber nun den Einschluss des gesamten Habsburgerreiches einschließlich der außerdeutschen Gebiete. Damit war offensichtlich, dass die Mittelstaaten eine Politik betreiben wollten, die sich gegen die anbahnende preußische Hegemonie richtete und zu diesem Zweck den Anschluss an Österreich suchten. Die Habsburgermonarchie wiederum erhielt dadurch eine Stütze auf dem Weg zur Restauration des alten Deutschen Bundes, welcher ihrem Kernziel, nämlich ihren Einfluss in und auf Deutschland zu behalten, am meisten diente.

Preußens Versuch, die geschrumpfte Union durch das gewählte **Erfurter Parlament** im März 1850 legitimieren zu lassen, scheiterte nicht zuletzt an der Uneinigkeit über die Verfassung. Otto von Bismarck ließ die für ihn signifikante Gegnerschaft gegen eine parlamentarische Aushöhlung monarchischer Rechte anlässlich einer Rede im Erfurter Parlament am 15. April deutlich zum Ausdruck kommen:

„Wenn es doch einmal geschehen soll, dass wir auf den Leib der deutschen Einheit den fadenscheinigen Rock einer französischen Konstitution ziehen“[4], dann sei unter allen Umständen zu verhindern, dass Preußen von den deutschen Mittel- und Kleinstaaten und deren wahlberechtigter Bevölkerung dominiert werde, zumal „wo das preußische Volk von der Ansicht beherrscht ist, dass die Anstrengungen, die es gemacht hat, um sich selbst von dem Elende der Revolution aufzuraffen und seinen Nachbarn eine teils materielle, teils moralische Stütze zu gewähren, einen besonderen Anspruch auf politische Berechtigung“[5] habe.

4 Zit. n. Willms, Johannes: Bismarck. Dämon der Deutschen. Anmerkungen zu einer Legende. München 1997, S. 65
5 Zit. n. Willms, a. a. O., S. 65

Hieraus geht hervor, dass Preußen nicht bloßer Bestandteil eines deutschen Nationalstaates zu sein habe, sondern die anderen Staaten sich Preußens Politik unterzuordnen hätten. Die gleiche Auffassung vertrat Bismarck 1862 als preußischer Ministerpräsident in der berühmten **„Eisen-und-Blut-Rede"** vor dem preußischen Abgeordnetenhaus[6] im Rahmen des Verfassungskonfliktes.

Die Karikatur thematisiert die politischen Perspektiven für die deutschen Mittelstaaten im Falle ihrer weiteren politischen Uneinigkeit: das Vordringen Österreichs, die Unterordnung unter Bayern, die Hegemonie Preußens.

6 Vgl. S. 17 f.

Der Dualismus zwischen Preußen und Österreich

Das Verhältnis zwischen Preußen und Österreich spitzte sich im Verlauf des Jahres 1850 zu: Österreich und die Mittelstaaten waren bereit, einen Krieg gegen Preußen zu riskieren, weil sie in dem von Preußen beanspruchten Durchmarschrecht durch Kurhessen eine militärische Gefährdung ihrer Grenzen sahen. Preußen verzichtete daraufhin auf das Unionsprojekt und stimmte noch im selben Jahr im **Vertrag von Olmütz** der von Österreich geforderten Wiederherstellung des Deutschen Bundes zu. Auch Bismarck sprach sich für diese Lösung aus, weil er im Deutschen Bund die beste Garantie gegen revolutionäre Bestrebungen sah. Er offenbarte damit eine politische Grundeinstellung, die auch sein späteres Handeln als preußischer Ministerpräsident und deutscher Reichskanzler prägte: Sein Interesse galt weit weniger der Herstellung einer nationalen Einheit als der Bewahrung und Stärkung des preußischen Königtums und der dieses tragenden gesellschaftlichen Eliten aus Adel und Militär: „Die preußische Ehre besteht nach meiner Überzeugung nicht darin, dass Preußen überall in Deutschland den Don Quixote spiele für gekränkte Kammerzelebritäten, welche ihre lokale Verfassung für gefährdet halten. Ich suche die preußische Ehre darin, dass Preußen sich vor allem von jeder schmachvollen Verbindung mit der Demokratie entfernt halte, dass Preußen [...] nicht zugebe, dass in Deutschland etwas geschehe ohne Preußens Einwilligung.“[7]

Österreich hatte sich vorläufig gegen Preußen durchgesetzt. Wirtschaftlich hingegen verlor es mehr und mehr an Boden. Der Grund dafür war nicht nur, dass es nicht Mitglied im Zollverein war, sondern auch seine ungünstige geografische Lage, der Mangel an Rohstoffvorkommen und die nach wie vor weitgehend agrarisch geprägte Wirtschaftsstruktur. Vergeblich forderte der österreichische Minister **Fürst Schwarzenberg** für sein Land die Aufnahme in den Zollverein. Er scheiterte aber nicht nur am Widerstand Preußens, sondern auch an den deutschen Mittelstaaten, die Österreich zwar als politisches Gegengewicht zu Preußen begrüßten, aber den ihre eigene industrielle Entwicklung begünstigenden Zollverein wollten sie nicht mit dem wirtschaftlich maroden Österreich belasten.

So ergab sich die paradoxe Situation, dass zu Beginn der 1850er-Jahre einerseits unter maßgeblichem Einfluss Österreichs auf politischer Ebene mit der Wiederherstellung des Deutschen Bundes eine Anknüpfung an vorrevolutionäre Verhältnisse erfolgt war. Andererseits festigte sich aber auf wirtschaftlichem Gebiet die durch den Zollverein vorgegebene kleindeutsche Wirtschaftsunion.

7 Hardtwig, Wolfgang u. Hinze, Helmut (Hrsg.): Deutsche Geschichte in Quellen und Darstellung, Bd. 7, Vom Deutschen Bund zum Kaiserreich 1815–1871. Stuttgart 1997, S. 382

„Reaktionäre" Politik und bürgerliches Leben

Kennzeichnend für das politische Klima in der nachrevolutionären Zeit war der sogenannte **„Bundesreaktionsbeschluss"** von 1851, der staatliche Maßnahmen gegen den „Missbrauch der Pressfreiheit" ermöglichte und damit ein Instrument der Zensur gegen liberale Forderungen darstellte. Gegen die Bildung politischer Parteien schritt das **„Bundes-Vereinsgesetz"** von 1854 ein, indem es nur Vereine zuließ, die nachweisen konnten, dass sie die öffentliche Ordnung und Sicherheit nicht gefährdeten, also nach dem damaligen Verständnis der Obrigkeit unpolitisch waren. Besonders wirkungsvoll war in diesem Zusammenhang auch das Verbot der Verbindung einzelner Vereine untereinander, das den Aufbau einer überregionalen Organisationsstruktur unmöglich machte und damit eine politische Breitenwirkung verhinderte.

Hausdurchsuchung bei „politisch Verdächtigen"

Somit bleibt festzuhalten, dass in den 1850er-Jahren politische Versatzstücke der vorrevolutionären Restaurationszeit wiederbelebt wurden. Sie bestanden darin, dass der Staat seine Einflussnahme auf Presse, parteiähnliche Gruppierungen und Universitäten auf dem Wege der Repression verstärkte. Insofern ist es berechtigt, von einer Zeit der **„Reaktion"** zu sprechen. Gleichzeitig aber wurde die Idee der deutschen Reichsgründung in den 1850er- und 1860er-Jahren von einer sich neu belebenden Nationalbewegung in der Öffentlichkeit vor allem durch folgende Gruppierungen unterstützt:

- das **Wirtschaftsbürgertum**, getragen von der Hoffnung auf das Weiterwirken des industriellen Aufschwungs seit der Jahrhundertmitte in Richtung auf die politische Einheit im Gebiet des Deutschen Zollvereins;

- die **Veranstalter und Teilnehmer nationaler Feste** in der bürgerlichen Öffentlichkeit (Schillergedenkfeiern 1859; Sänger- und Turnfeste);
- die **Mitglieder politischer Vereine** mit der Forderung nach Verwirklichung der Reichsgründung (Deutscher Nationalverein für die kleindeutsche, Deutscher Reformverein für die großdeutsche Variante der Einigungsfrage).

In der Atmosphäre staatlich-politischer Reaktion und wirtschaftlich-industriellen Fortschritts entwickelte sich ein in staatspolitischen Entscheidungsbereichen „machtloses" Bürgertum, das in sich vielschichtig gegliedert war:

Das **handwerklich geprägte und gewerbetreibende Bürgertum** in den Städten profitierte weitgehend von den Errungenschaften der Industrialisierung, da es durch die Anwendung neuer Produktionstechniken den erhöhten Bedarf an Nahrungsmitteln, Kleidung und Baumaterialien befriedigen konnte.

Das **Bildungsbürgertum** stellte für sich gesehen auch keine einheitliche Gruppe dar. Neben Ärzten, Anwälten und Journalisten gehörten auch Professoren, Lehrer und Staatsbeamte dazu. Parallel zur Zunahme der Staatsaufgaben (Eisenbahn, Post, Telegrafie) stieg die Zahl der Beamten rapide an. Die ihnen abverlangte Loyalität gegenüber dem autoritären Staat führte zu einer spürbar konservativen Prägung dieser einflussreichen Gruppierung des Bürgertums.

Das **Wirtschaftsbürgertum** bildete die zahlenmäßig kleinste Gruppe. Allerdings waren Kaufleute, Fabrikbesitzer und Bankiers, die sich durch Reichtum auszeichneten, die nach außen hin prägende Schicht des Bürgertums im sich entwickelnden Industriezeitalter. Sie strebten nicht primär nach politischer Veränderung, sondern arrangierten sich sukzessive mit dem autoritären Staat, insofern ihnen dieser Handlungsspielräume für den Ausbau ihrer Geschäfte bot. Deutliches Zeichen für diese Haltung war das zunehmende Streben nach Adaption adeliger Lebens- und Denkformen als Voraussetzung für gesellschaftliche Anerkennung im monarchischen Machtstaat.

Dass aufgrund dieser Mentalität vom Bürgertum insgesamt keine vehementen kämpferischen Impulse zur Verwirklichung **liberaler Forderungen** ausgingen, liegt auf der Hand.

Die fortschreitende Industrialisierung verbesserte in den 1850er-Jahren die Lebensumstände der sich herausbildenden Industriearbeiterschaft nicht entscheidend. Trotzdem war unverkennbar, dass sie ein unverzichtbarer Bestandteil des Prozesses der Industrialisierung war. Diese Erkenntnis bestärkte sie in dem Versuch, ihre Situation – gekennzeichnet durch niedrigen Lohn, schlechte Wohnbedingungen (siehe S. 61) und fehlende politische Rechte – ändern zu wollen. Damit waren erste Ansätze für eine genossenschaftliche, gewerkschaftliche und politische Organisation der Arbeiter gegeben, die in den 1860er-Jahren verstärkt Wirklichkeit werden sollte.

Die „Neue Ära" in Preußen (1858 –1861)

Chronologie	
1858 –1861	Regentschaft Prinz Wilhelms in Preußen
10. November 1859	Schillergedenkfeiern: Kristallisation nationaler und liberaler Strömungen
1859 –1863	nationale Feste und Vereinsgründungen
1859	Gründung des „Deutschen Nationalvereins": kleindeutsche Einigung unter Preußens Führung
1861	Gründung der liberalen Deutschen Fortschrittspartei
1862	„Deutscher Reformverein": großdeutsche Lösung der nationalen Frage

Aufschwung des Nationalgedankens

Als der restaurativ und militaristisch denkende **Prinz Wilhelm** im Jahre 1858 die Regentschaft von seinem kranken Bruder Friedrich Wilhelm IV. übernahm, war zunächst nicht abzusehen, dass gerade in den Jahren seiner Regentschaft (1858–1861) die deutsche Nationalbewegung neue Impulse erhalten und die Rolle Preußens dabei verstärkt zur Geltung gelangen würde. Insofern überraschten die Regierungsgrundsätze, die er beim Antritt seiner Regentschaft verkündete: „In Deutschland muss Preußen moralische Eroberungen machen, durch eine weise Gesetzgebung bei sich, durch Hebung aller sittlichen Elemente und durch Ergreifung von Einigungselementen, wie der Zollverband es ist [...]. Die Welt muss wissen, dass Preußen überall das Recht zu schützen bereit ist [...]."[8]

Der neue Regent löste zunächst den „reaktionären" Ministerpräsidenten **Otto von Manteuffel** ab und legte die Regierung in die Hände des liberalkonservativen **Karl Anton Fürst von Hohenzollern-Sigmaringen**. Dieser lockerte die Pressezensur und gewährte der freien politischen Meinungsäußerung wieder mehr Spielraum. Dies motivierte die liberalen Abgeordneten im preußischen Abgeordnetenhaus zur Artikulation fortschrittlicher Forderungen, u. a. nach Gewährleistung freier Wahlen, einem Gesetz über Minister-

8 Fenske, Hans (Hrsg.): Der Weg zur Reichsgründung: 1850–1870. Darmstadt 1977, S. 136

antwortlichkeit, der Gewährleistung der verfassungsmäßig garantierten Religionsfreiheit, der Revision des Pressegesetzes und der damit verbundenen Zensurbestimmungen, der Garantie der Freiheit von Wissenschaft und Lehre sowie der richterlichen Kontrolle staatlicher Maßnahmen gegenüber dem Einzelnen.

Im Zuge dieser neuen Öffnung entstand im Jahre 1859 in Frankfurt der **„Deutsche Nationalverein“**, der eine kleindeutsche Einigung unter Preußens Führung anstrebte. Drei Jahre später organisierten sich die Großdeutschen im **„Deutschen Reformverein“**. Damit waren die gegensätzlichen Standpunkte, die die Debatten in der Frankfurter Paulskirche beherrschten, neu formiert.

Außenpolitische Schwächung Österreichs

Die **außenpolitische Entwicklung** im Laufe der 1850er-Jahre stärkte das politische Gewicht Preußens gegenüber Österreich. Dies lag vor allem an der durch das Ergebnis des **Krimkrieges** (1853–1856) veranlassten Umordnung des europäischen Staatensystems. Während Russlands Streben nach Vorherrschaft über den Balkan und die Kontrolle der Meerengen am Bosporus durch das Eingreifen Englands und Frankreichs zugunsten des Osmanischen Reiches gestoppt worden war, isolierte sich Österreich durch seine Parteinahme gegen Russland bei gleichzeitiger Distanz gegenüber den Westmächten. Preußen hingegen verhielt sich neutral und verschärfte durch diese Haltung den österreichisch-preußischen Dualismus, bereitete aber damit den Boden für die spätere Tolerierung der Herausdrängung Österreichs aus dem deutschen Staatenverband durch Russland.

Bismarck – zu dieser Zeit als preußischer Gesandter beim Bundestag in Frankfurt tätig – bewertete die zukünftige Orientierung der von Preußen verfolgten Politik im Rahmen der sich verändernden außenpolitischen Konstellationen 1856 wie folgt:

„[...] die Seele eines preußisch-östreichischen Bündnisses, auch in der größten gemeinsamen Gefahr, (würde) das Gegenteil von alle dem, was ein Bündnis fest macht. Gegenseitiges politisches Misstrauen, militärische und politische Eifersucht, der Argwohn des Einen, dass der Andere in Separatverträgen mit dem Gegner bei gutem Glück die Vergrößerung des Bundesgenossen zu hindern, bei schlechtem sein eignes Heil zu sichern suchen werde, das alles würde zwischen uns jetzt stärker und lähmender sein, als in irgend einem schlecht assortierten Bündnis der Vergangenheit [...].

Nach der Wiener Politik ist einmal Deutschland zu eng für uns beide; so lange ein ehrliches Arrangement über den Einfluss eines jeden in Deutschland nicht getroffen und ausgeführt ist, pflügen wir beide denselben Acker, und so lange bleibt Östreich der einzige Staat, an den wir nachhaltig verlieren und von dem wir nachhaltig gewinnen können [...].

Ich beabsichtige mit diesem Raisonnement keineswegs zu dem Schlusse zu gelangen, dass wir jetzt unsre Politik darauf richten sollten, die Entscheidung zwischen uns und Östreich unter möglichst günstigen Umständen herbeizuführen. Ich will nur meine Überzeugung aussprechen, dass wir in nicht zu langer Zeit für unsere Existenz gegen Östreich werden fechten müssen, und dass es nicht in unsrer Macht liegt, dem vorzubeugen, weil der Gang der Dinge in Deutschland keinen andern Ausweg hat [...].“[9]

Damit ist zweierlei deutlich zum Ausdruck gebracht: zum einen, dass der Dualismus zwischen Preußen und Österreich über kurz oder lang militärisch zu entscheiden sei; zum anderen, dass die Interessen Preußens – nicht Deutschlands! – Richtschnur für dessen politisches Handeln sein müssten.

Der Dualismus zwischen Preußen und Österreich war auch spürbar im Krieg Österreichs auf der einen sowie Piemont-Sardiniens und Frankreichs auf der anderen Seite im Jahre 1859, der gegen die österreichischen Besitzungen in Lombardo-Venetien zielte. Frankreichs Kaiser Napoleon III. war an einer Schwächung der Habsburger in Italien interessiert, um dadurch das seit dem Wiener Kongress bestehende europäische Gleichgewichtssystem, das durch die Niederlage Russlands im Krimkrieg zu dessen Ungunsten bereits gestört worden war, weiter zu destabilisieren und dadurch einen weiteren Schritt zum Aufbau einer französischen Hegemonie zu tun. Zwar sympathisierten vor allem die Liberalen in Deutschland mit der nationalen Einigungsbewegung in Italien, doch kollidierte das Engagement Frankreichs in Italien auf zweifache Weise mit deutschen Interessen: Zum einen gehörte Österreich zum Deutschen Bund. Seine Schwächung galt als gleichbedeutend mit einer Schwächung des Bundes. Zum Zweiten war unverkennbar, dass Frankreichs Begehrlichkeiten darüber hinaus auf die Rheingrenze abzielten und damit gegen Preußen gerichtet waren. Dennoch nahm Preußen von einer offensiven Unterstützung Österreichs Abstand.

Gleichzeitig aber verschafften die Querelen in Italien der deutschen Nationalbewegung einen unverkennbaren Auftrieb, der sich in allen Staaten des Deutschen Bundes – mit Ausnahme von Österreich – äußerte und von der Obrigkeit kaum gehemmt wurde. Die neue nationale Welle erreichte einen

9 Hardtwig, Wolfgang u. Hinze, Helmut (Hrsg.): Deutsche Geschichte in Quellen und Darstellung. a. a. O., S. 386 f.

ersten Höhepunkt anlässlich der Feiern zu Schillers hundertstem Geburtstag am 10. November 1859. Festzüge und nationale Reden mit antifranzösischem Charakter wurden an vielen Orten Deutschlands abgehalten. Es entstanden Sänger-, Turner- und Schützenvereine, in denen alle Gruppen des Bürgertums vertreten waren. Es fanden nationale Feste statt – z. B. das deutsche Schützenfest in Frankfurt 1861 –, in denen die patriotische Erinnerung an die Befreiungskriege gegen Napoleon wachgehalten wurde. Auf dem Deutschen Turnfest in Leipzig 1863 gedachte man der Revolution von 1848 und forderte politische Freiheitsrechte, die Wiederherstellung der Verfassung von 1849, ja vereinzelt sogar die Volkssouveränität. Nationale Gesinnung und liberale Forderungen schienen sich wieder zu berühren. Preußen galt vielen als Kristallisationspunkt ihrer Wünsche: „Unsere Hoffnung“, so ein Vertreter der **„freisinnigen Vaterlandsfreunde“** 1859, „richten wir daher auf Preußens Regierung, welche durch den im vorigen Jahre aus freiem Antriebe eingeführten Systemwechsel ihrem Volke und ganz Deutschland gezeigt hat, dass sie als ihre Aufgabe erkannt hat, ihre Interessen und die ihres Landes in Übereinstimmung zu bringen, und für diesen Zweck Opfer an ihrer Machtvollkommenheit [...] nicht scheut. Die Ziele der preußischen Politik fallen mit denen Deutschlands im Wesentlichen zusammen.“[10]

Dass diese Sichtweise zu optimistisch gefärbt war, zeigte sich bereits in den Augen national gesinnter Zeitgenossen durch die verräterische Haltung Preußens im italienischen Konflikt, da es nicht bedingungslos an die Seite Österreichs trat und militärische Hilfe gegen Frankreich verweigerte.

Verfassungskonflikt in Preußen

Aber auch liberale Hoffnungen schienen zu weit gesteckt, wie der sich zu Beginn der 1860er-Jahre in Preußen entwickelnde **Verfassungskonflikt** erweisen sollte. Wilhelm – seit 1861 König – war ein strikter Verfechter der monarchischen Souveränität. Militär, Staatsverwaltung und Diplomatie erachtete er als alleinige Domäne der Monarchie; dem Parlament gestattete er infolgedessen keinerlei Einfluss darauf. Allerdings erkannte er die Verfassung insbesondere als Garantin der rechtsstaatlichen Ordnung an, insofern war seine Haltung konstitutionell. Vor allem das Militär – nur seiner Person durch Fahneneid verpflichtet – war für den König, der selbst maßgeblich die Märzunruhen in Berlin 1848 niederzuschlagen half, Grundlage für die Erhaltung und die

10 Fenske, a. a. O., S. 174

Festigung des monarchischen Prinzips. Daher ist es nicht verwunderlich, dass Wilhelm I. eine Militärreform zur Stärkung des preußischen Heeres anstrebte. Die dazu vorgetragene **außenpolitische** Begründung, nämlich militärische Defizite gegenüber Frankreich und Österreich ausgleichen zu wollen, wurde nicht nur von den Vertretern der aus dem Adel zusammengesetzten ersten Kammer des preußischen Landtages – dem Herrenhaus – gebilligt, sondern auch von der liberalen Mehrheit der zweiten Kammer – dem Abgeordnetenhaus.

Unter diesen Voraussetzungen brachte der preußische Kriegsminister **Albrecht von Roon** zu Beginn des Jahres 1860 eine Militärvorlage im Abgeordnetenhaus ein, die eine Erhöhung der Friedensstärke der preußischen Armee von 150 000 auf 220 000 Mann, eine Verlängerung der Dienstzeit von zwei auf drei Jahre und eine Ergänzung der Reserve durch drei Jahrgänge der bürgerlichen Landwehr unter dem Befehl adeliger Berufsoffiziere vorsah.

Wilhelm I. (1797–1888)

Während die beabsichtigte Erhöhung der Soldatenzahl – ganz im Sinne nationaler Euphorie – allseits akzeptiert wurde, opponierten hauptsächlich die Abgeordneten der sich durch zwei Wahlsiege im Aufwind befindlichen liberalen **Deutschen Fortschrittspartei**, deren Gründung 1861 erfolgt war, gegen die Verlängerung der Dienstzeit und die Mediatisierung der Landwehr. Aus beiden Zielsetzungen lasen sie – wohl nicht unberechtigt – die Absicht der Krone heraus. Nämlich das dieser zu Treue verpflichtete Soldatentum zu Ungunsten des Prinzips des „wehrhaften Bürgers", das seit den Befreiungskriegen gegen Napoleon eine gewisse Tradition entwickelt hatte, stärken zu wollen.

Die Bedeutung dieser eher marginal wirkenden, sich aber zum Dauerkonflikt erweiternden Debatte bestand in dem offensichtlichen Widerspruch zwischen dem Machtanspruch der Krone und den von der liberalen Mehrheit der – nach dem geltenden Dreiklassenwahlrecht – gewählten Abgeordneten reklamierten Rechten des Landtages.

Grundsätzlich und damit wegweisend für die Verhältnisse im späteren Kaiserreich war der hier sichtbar werdende Antagonismus zwischen dem von der Krone formulierten Anspruch auf monarchische Souveränität einerseits und den wiederholt und von verschiedenen politischen Gruppierungen unternommenen Versuchen zur Erweiterung von Parlamentsrechten andererseits.

Die Inhalte der Militärvorlage konnten aufgrund der – auch verfassungsmäßig unbestreitbaren – militärischen Kommandogewalt des Königs nicht Gegenstand parlamentarischer Remonstration sein. Allerdings verursachte die geplante Reform Kosten, die von den Kammern des Landtages im Rahmen ihres Budgetrechts bewilligt werden mussten. Die Verweigerung einer entsprechenden Erhöhung des Staatsetats war ein politisches Druckmittel der Abgeordneten, die eine Verlängerung der Dienstzeit ebenso ablehnten wie die geplante Militarisierung der Landwehr. Deshalb beschloss das Abgeordnetenhaus den Etat für die Vergrößerung des Heeres nur dann aufzustocken, wenn von den beiden anderen Vorhaben Abstand genommen werden würde.

Zwar erreichte von Roon mehrmals die provisorische Bewilligung eines Nachtragshaushaltes und ließ die zusätzlichen Gelder der Finanzierung der Heeresreform zufließen. Dadurch verschärfte sich der Konflikt zwischen Abgeordnetenhaus und Krone aber noch mehr: Die Parlamentarier sahen sich vor vollendete Tatsachen gestellt und befürchteten die Aushöhlung ihres Haushaltsbewilligungsrechts; der König lehnte eine Mitsprache der Abgeordneten in allein ihm zustehenden Militärfragen strikt ab und wehrte sich vehement gegen deren Verknüpfung mit Budgetangelegenheiten. Der unauflöslich erscheinende Konflikt schwelte mehr als zweieinhalb Jahre. Im September 1862 lehnte das Abgeordnetenhaus alle seitens der Regierung geforderten Mittel für Militärangelegenheiten ab; das Herrenhaus hingegen stimmte für den Regierungsvorschlag. Eine Übereinstimmung war nicht erreicht; der Etat blieb unbewilligt. König Wilhelm I., in seinem monarchischen Selbstverständnis schwer getroffen, fasste bereits ernsthaft den Gedanken zu resignieren, als ihm von Roon riet, auf **Otto von Bismarck** zurückzugreifen.

Preußen unter Bismarck (1862 –1866)

Chronologie	
1861–1888	Wilhelm I. König von Preußen
Sept./Oktober 1862	Ernennung Otto von Bismarcks zum preußischen Ministerpräsidenten
1862–1890	Otto von Bismarck preußischer Ministerpräsident, ab 1867 Kanzler des Norddeutschen Bundes, von 1871 bis 1890 Reichskanzler
30. September 1862	„Eisen-und-Blut"-Rede Bismarcks vor dem preußischen Abgeordnetenhaus
1862–1866	Heeres- und Verfassungskonflikt in Preußen
1863	gescheiterter Frankfurter Fürstentag zur Reform des Deutschen Bundes
1863	Gründung des Allgemeinen deutschen Arbeitervereins
1864	Deutsch-Dänischer Krieg um die Herzogtümer Schleswig und Holstein
Oktober 1864	Frieden von Wien: Verzicht Dänemarks auf die Elbherzogtümer zugunsten Preußens und Österreichs
August 1865	Konvention von Gastein zwischen Preußen und Österreich: Regelung der Verwaltung Schleswigs und Holsteins
1866	Indemnitätsvorlage Bismacks
Juni/Juli 1866	Deutscher Krieg
3. Juli 1866	Sieg Preußens über Österreich bei Königgrätz
August 1866	Frieden von Prag: Auflösung des Deutschen Bundes

„Eisen und Blut“

Bismarck, 1815 in Schönhausen an der Elbe in der preußischen Altmark geboren, war nach dem Studium der Rechts- und Staatswissenschaften als Regierungsreferendar in Berlin und Aachen tätig. Nach seinem Ausscheiden aus dem Staatsdienst bewirtschaftete er die Familiengüter in Kniephof in Pommern und später Schönhausen. Dort engagierte er sich auf lokal-provinzieller Ebene politisch für den Erhalt überkommener Standesrechte der ostelbischen Junker und fasste den Vorsatz, diese kompromisslos gegen „moderne“ liberale Zielsetzungen zu verteidigen. Diese erzkonservative Haltung prägte sein Wirken auf parlamentarischer Ebene als Abgeordneter im preußischen Landtag 1849 und im Erfurter Unionsparlament 1850.[11] Sie eröffnete ihm auch in den Folgejahren eine diplomatische Karriere, zunächst als preußischer Gesandter beim wiederhergestellten Bundestag in Frankfurt, später in Sankt Petersburg und kurzzeitig in Paris. Dort erreichte ihn das denkwürdige Telegramm seines politischen Wegbereiters von Roon: „Periculum in mora. Dépêchez-vous!"[12]

Der junge Bismarck klagte oft über Langeweile und Einsamkeit. Zechgelage und Jagden brachten ihm den Ruf des wilden Junkers ein. 1846 schließlich warb er um die Hand Johannas von Puttkamer, die er im Juli 1847 heiratete.

Am 22. September 1862 fand in Berlin die entscheidende Unterredung zwischen König Wilhelm und Bismarck statt, deren Verlauf lediglich aus der Perspektive Bismarcks erhalten ist und in der Wilhelm I. Klage darüber führte, dass er nicht mehr regieren könne, weil er keine Minister mehr fände, welche die Position der Monarchie in der Heeresfrage zu vertreten und durchzusetzen in der Lage seien.[13] Bismarck versicherte dem König, dass es ihm nicht um konservative oder liberale Positionen ginge, sondern um die Wahrung des königlichen Regiments gegen das Vordringen der Parlamentsherrschaft, die es unter allen Umständen – auch unter Anwendung gewaltsamer Mittel – abzuwenden gelte.[14] Daraus ergaben sich Kernziel und Handlungsgrundlage Bismarcks, die über den Augenblick hinaus für sein politisches Kalkül prägend sein sollten, nämlich „die Verteidigung und Erhaltung der unbedingten Handlungsfreiheit des preußischen Königs. Oder präziser: die Wahrung der preußischen Interessen, die er mit seinen ureigenen Interessen identifizierte."[15]

11 Vgl. S. 6 in diesem Buch
12 „Gefahr liegt im Zögern. Beeilen Sie sich!" Willms, a. a. O., S.148; Schwarzmüller, Theo: Otto von Bismarck. München, ^{2}1998, S. 55
13 Bismarck, Otto von: Gedanken und Erinnerungen. Mit einem Essay von Lothar Gall. Berlin 1999, S. 217
14 Vgl. Siemann, a. a. O., S. 332, Anm. 12
15 Willms, a. a. O., S. 155

Vom König zum preußischen Ministerpräsidenten ernannt, bekundete Bismarck kurz darauf in einer seiner geradezu legendär gewordenen Reden vor der Budgetkommission des preußischen Abgeordnetenhauses am 30. September 1862 im Hinblick auf die Militärreform, dass der gegenwärtige Konflikt eine grundsätzliche Dimension besäße, indem er die Grenze zwischen Kron- und Parlamentsgewalt berühre. Die Krone – so Bismarck weiter – habe noch andere Rechte als die in der Verfassung aufgeführten. Das preußische Königtum habe seine Mission noch nicht erfüllt, es sei noch nicht reif, als ein toter Maschinenteil dem Mechanismus des parlamentarischen Regiments eingefügt zu werden.[16] Was mit der angesprochenen „Mission" gemeint sein konnte, erschließt sich aus folgender Äußerung: „Preußens Grenzen nach den Wiener Verträgen sind zu einem gesunden Staatsleben nicht günstig; nicht durch Reden und Majoritätsbeschlüsse werden die großen Fragen der Zeit entschieden – das ist der große Fehler von 1848 und 1849 gewesen –, sondern durch Eisen und Blut."[17]

Ohne die Tragweite dieser aus einer Kommissionssitzung stammenden Stegreifäußerung überbewerten zu wollen, gibt sie dennoch einen Eindruck von Bismarcks antiparlamentarischer Haltung und seiner Auffassung über die zukünftige Führungsrolle Preußens in und für Deutschland. Die beiden Begriffe „Eisen und Blut" beinhalten dabei nicht notwendigerweise nur den Krieg als Mittel zur Durchsetzung preußischer Interessen, sondern deuten auch auf dessen Wirtschaftskraft und nationale Bestimmung hin. Denn der deutsche Nationalstaat ist durch Kohle und Stahl nachhaltiger in die Wege geleitet worden als durch „Eisen und Blut".[18]

Die „Lückentheorie"

Nachdem eine einvernehmliche Lösung in der Militärfrage auch in der Folgezeit nicht möglich war, griff Bismarck zu den seiner Meinung nach der Krone außerhalb der Verfassung zustehenden „anderen Rechten": Zwar war in der preußischen Verfassung festgelegt, dass ein Gesetz – und darum handelte es sich bei der Budgetbewilligung – nur bei Übereinstimmung zwischen der Krone und beiden Kammern des Landtages verabschiedet werden konnte. Da dies aber nicht der Fall war, schien die Erhöhung des Heeresetats auf den ersten Blick gescheitert. Bismarck vertrat nun die Position, dass die preußische Ver-

16 Bismarck, Otto von: Die gesammelten Werke, Bd. 10, S. 138 f.
17 Bismarck, a. a. O., S. 138 f.
18 Stürmer, Michael: Das ruhelose Reich. Deutschland 1866–1918. Berlin 1998, S. 17

fassung keinerlei Hinweise darauf enthalte, wie im Falle einer Kontroverse weiter zu verfahren sei (**„Lückentheorie“**). Er argumentierte, dass das Staatsleben nicht stillstehen dürfe und die Vergrößerung der Heeresstärke im übergeordneten Interesse des Staates erforderlich sei. Trotz vehementer Proteste des Abgeordnetenhauses, die dazu beitrugen, dass am 1. 6. 1863 die Pressefreiheit in Preußen aufgehoben wurde, führte Bismarck die Militärreform durch und regierte bis 1866 ohne Etatgesetz. Das Verhalten Bismarcks in der Verfassungsfrage markierte einen Grundzug seiner Politik: den Vorrang des mit Hilfe der Macht Durchsetzbaren vor verfassungsrechtlichen Erwägungen, auch als **„Realpolitik“** bezeichnet.

Die militärischen Erfolge Preußens, eindrucksvoll unter Beweis gestellt im Kampf gegen Dänemark 1864 und Österreich 1866, ließen Bismarck auch die innenpolitische Krise meistern: Aus den Wahlen zum Abgeordnetenhaus im Juli 1866 gingen die Konservativen gestärkt hervor, vor allem die liberale Fortschrittspartei musste erhebliche Einbußen hinnehmen. Bismarck erwirkte daraufhin die mehrheitliche Zustimmung der Abgeordneten zu der von ihm eingebrachten **Indemnitätsvorlage**. Sie besagte, dass zwar die Rechte des Parlaments in Sachen Budgetbewilligung unbestritten seien, dass aber die Regierung in Zeiten der Krise nicht anders habe handeln können. Das Ringen um die Indemnitätsvorlage wurde zur Zerreißprobe der Liberalen, an der ihre Einheit zerbrach: Mehrheitlich sprachen sie sich für die Annahme der Indemnitätsvorlage aus und trennten sich als **Nationalliberale** von der Fortschrittspartei. Die Sogkraft der außenpolitischen Erfolge des starken Militärstaats Preußen, die Hoffnung auf ein national geeintes Deutschland und damit auf einen einheitlichen und freizügigen Wirtschaftsraum war für sie attraktiver als das Insistieren auf die Achtung und den Ausbau verfassungsmäßiger Rechte.

Spottbild auf Bismarck während der Konfliktzeit 1863

Der Frankfurter Fürstentag

Das durch die Niederlage im italienischen Krieg angeschlagene Österreich hoffte, die innenpolitische Krise in Preußen zur Durchsetzung einer Reform des Deutschen Bundes mit dem Ziel einer Schwächung des Konkurrenten ausnutzen zu können. Zu diesem Zweck wurde ein Fürstentag nach Frankfurt einberufen, welcher **für alle Staaten verbindliche Institutionen** (u. a. ein Bundesgericht, ein Delegiertenparlament, einen an Mehrheitsbeschlüsse gebundenen Exekutivrat) schaffen sollte. Bismarck erkannte die damit intendierte Einengung des politischen Handlungsspielraums Preußens zugunsten Österreichs. Er reagierte darauf mit der Forderung nach vollständiger Gleichberechtigung zwischen Preußen und Österreich bei der Führung des Deutschen Bundes sowie mit dem Vorschlag eines aus allgemeinen und direkten Wahlen hervorgehenden Bundesparlaments: ein deutlich gegen Österreich gerichteter Vorgehen, da dessen deutscher Bevölkerungsteil weitaus geringer war als der Preußens. Es gelang Bismarck, Wilhelm I. von einer Teilnahme am Frankfurter Fürstentag abzuhalten, worauf sich die anderen Fürsten – auch die pro-österreichischen – nicht zu entsprechenden Beschlüssen durchringen konnten. Preußens unangetastete Stellung im Deutschen Bund zeigte sich auch daran, dass es gelang, die Aufnahme Österreichs in den 1864 erneuerten Zollverein mit der Drohung zu verhindern, diesen widrigenfalls aufzukündigen: Die Machtlosigkeit der deutschen Mittel- und Kleinstaaten war unverkennbar.

Kaiser Franz Joseph I. von Österreich, der die Führung des Deutschen Bundes innehatte, nach der Schlusssitzung des deutschen Fürstenkongresses am 1. September 1863 mit den 27 souveränen Fürsten und Vertretern der freien Städte.

Der Konflikt um Schleswig und Holstein

Der Mythos des „Reichsgründers", der dem „Eisernen Kanzler" nach Gründung des deutschen Kaiserreiches oft und gern zuerkannt worden ist, begründet sich nicht zuletzt in der Vermutung, dass er diese auf dem Wege über drei erfolgreiche Kriege (1864 gegen Dänemark, 1866 gegen Österreich, 1870/71 gegen Frankreich) zielgerichtet angestrebt habe. Dieser Auffassung ist jedoch aus mehreren Gründen mit Vorsicht zu begegnen. Zunächst weil Bismarck selbst nie einen Hehl daraus gemacht hat, dass sein Streben primär der Stärkung Preußens und seiner Krone galt, zum Zweiten weil seine Politik in den Jahren seit seinem Amtsantritt nicht als planvoll auf das Ziel der Reichseinigung hin ausgerichtet bezeichnet werden kann. Bismarck zeigte sich hier – wie auch später – als „Realpolitiker" in dem Sinne, dass er tagespolitische Optionen gegeneinander abwog und einmal getroffene Entscheidungen auch wieder revidierte.

1863 zeichnete sich im erneut ausbrechenden Konflikt um die beiden Herzogtümer Schleswig und Holstein die erste große außenpolitische Herausforderung in der Bismarck-Ära ab: Bereits 1848 war die Befreiung der beiden Herzogtümer von der dänischen Herrschaft, mit der sie in Personalunion verbunden waren, erklärtes Ziel der nationalen Bewegung in Deutschland gewesen. Nach vielen Verwicklungen wurde mit Zustimmung der europäischen Großmächte – unter ihnen Preußen und Österreich – im **Londoner Protokoll** 1852 festgelegt, dass die beiden Herzogtümer, von denen Holstein zum Deutschen Bund gehörte, vom dänischen König ungeteilt und von Dänemark getrennt in Personalunion regiert werden mussten. Als Dänemark diese Festlegung 1863 einseitig brach und die beiden Elbherzogtümer seinem Königreich einverleibte, formierte sich dagegen ein Sturm nationaler Empörung in Deutschland, der in der Forderung gipfelte, den Herzog **Friedrich von Augustenburg** in seinem Anspruch auf die Herrschaft in einem selbstständigen Herzogtum Schleswig-Holstein zu unterstützen. Bismarck stellte sich nicht an die Spitze dieser nationalen Bewegung, da ihm an der Schaffung eines weiteren souveränen deutschen Kleinstaates an der Grenze Preußens nicht gelegen war. Gleichzeitig wies er aber auch die Maßnahme des Dänenkönigs, die beiden Elbherzogtümer seinem Königreich einzugliedern, also die vereinbarte Personalunion in eine Realunion zu verwandeln, als Bruch des Londoner Protokolls strikt zurück.

Österreich und Preußen, die beiden Vormächte des Deutschen Bundes, verlangten von Dänemark die Wiederherstellung der im Londoner Protokoll festgelegten Verhältnisse. Nachdem Dänemark ein diesbezügliches Ultimatum abgelehnt hatte, besetzten preußische und österreichische Truppen 1864 Schleswig und Holstein, erstürmten die **Düppeler Schanzen** und nötigten Dänemark zu einem Waffenstillstand. Im **Frieden von Wien** (Oktober 1864) verzichtete Dänemark auf Schleswig, Holstein und Lauenburg und trat die Herzogtümer an Österreich und Preußen ab. Die europäischen Großmächte akzeptierten dieses Ergebnis. Die als national erachtete Sache hatte also durch die militärischen Interventionen der beiden konservativen deutschen Großmächte das gewünschte Ergebnis gebracht.

Preußen und Österreich einigten sich zunächst darauf, die Herrschaft über beide Herzogtümer gemeinsam auszuüben, sie aber getrennt voneinander zu verwalten: In der **Konvention von Gastein** 1865 wurde vereinbart, dass Schleswig in preußische, Holstein in österreichische Verwaltung übergehen sollte. Es war schnell klar, dass diese Lösung zumindest für das entfernte Österreich nur ein Provisorium darstellen konnte. Infolgedessen unterstützte die Regierung in Wien im Einklang mit weiten Teilen der deutschen Öffentlichkeit die nach wie vor vorhandenen Ansprüche des Herzogs von Augustenburg. Bismarck konnte und wollte das aus der Sicht der preußischen Machtpolitik günstige Ergebnis nicht aus der Hand geben. Daher sicherte er sich sowohl gegenüber Italien – mit einem gegen Österreich gerichteten geheimen Bündnisvertrag – als auch gegenüber Frankreich und Russland ab und ließ Anfang Juni 1866 preußische Truppen in Holstein einrücken, die jedoch aufgrund des Zurückweichens der österreichischen Einheiten auf keinen Gegner trafen.

Der Kampf um die Düppeler Schanzen im Krieg Deutschlands gegen Dänemark zeigte die verheerende Wirkung der modernen Waffen. Gut erkennbar ist die Zerstörungskraft der preußischen Geschütze an den damals für kugelsicher gehaltenen Blockhäusern.

Der Deutsche Krieg

Österreich beantragte daraufhin das Vorgehen des Deutschen Bundes gegen den Bruch des Gasteiner Abkommens durch Preußen. Einige deutsche Staaten, darunter Hannover, Sachsen, Bayern, Württemberg, Baden und Hessen, schlugen sich auf die Seite Österreichs. Damit sind jene Staaten genannt, die zwar wirtschaftlich auf die Kooperation mit Preußen angewiesen waren, die aber im Dualismus zwischen Preußen und Österreich die beste Gewähr für ihr eigenes politisches Überleben sahen.

Preußen erklärte daraufhin den Bundesvertrag für beendet und erreichte, dass viele norddeutsche Staaten ihre Truppen unter preußisches Kommando stellten. Mitte Juni 1866 erfolgte der Einmarsch des preußischen Militärs in das Königreich Sachsen, kurze Zeit später wurde die böhmische Grenze überschritten. In einer einzigen Schlacht besiegte Preußen die österreichische Hauptarmee am 3. Juli 1866 bei Königgrätz (Sadowa). Preußen annektierte die Bundesstaaten Hannover, Kurhessen, Nassau und Frankfurt.

Die französische Karikatur von 1867 zeigt den Schäfer als preußischen Wolf mit Pickelhaube, der seine Schafe – die deutschen Staaten – bewacht und zusammenhält.

Was militärisch so unspektakulär endete, warf weitreichende politische Fragestellungen auf:

- Wie reagierten die europäischen Großmächte – insbesondere Frankreich und Russland – auf das faktische Ende des Deutschen Bundes, immerhin ein Konstrukt des Wiener Kongresses und Garant eines Gleichgewichts der Kräfte in Mitteleuropa, und die zu erwartende Stärkung Preußens?
- Wie würde sich Preußen gegenüber Österreich verhalten?
- Welche Auswirkungen würde die Niederlage Österreichs auf die zukünftige politische Beschaffenheit Deutschlands zeigen?

Napoleon III., der französische Kaiser, ließ sich – ähnlich wie 1864 bei der Auseinandersetzung mit Dänemark – mit der nebulösen Aussicht auf eventuelle Gebietskompensationen zugunsten Frankreichs ködern und signalisierte sein Einverständnis mit der preußischen Annexionspolitik, sofern diese auf Territorien nördlich des Mains beschränkt blieben. Der russische Zar hingegen reklamierte, dass die Beseitigung legitimer Monarchien im Norden Deutschlands das monarchische Prinzip in Europa insgesamt zu unterminieren drohe und die Revolutionsgefahr erhöhen werde. Preußen reagierte für den Fall, dass Russland den Annexionen widersprechen würde, mit der Drohung, selbst eine „Revolution von oben" durchführen zu wollen und erreichte dadurch zumindest das russische Stillschweigen.

Der Friede von Prag und seine Folgen

Gegenüber dem besiegten Österreich verhielt sich Preußen – zunächst gegen den Willen des Königs – erstaunlich gemäßigt. Bismarck wollte keine dauerhafte Feindschaft mit Österreich, auch aus Rücksicht auf die süddeutschen Staaten, sondern sich die Option auf ein zukünftiges Bündnis mit dem Habsburgerstaat offenhalten. Im **Frieden von Prag** (23. 8. 1866) blieb Österreich mit Ausnahme des Verlustes von Venetien territorial unangetastet. Es stimmte der Auflösung des Deutschen Bundes zu und akzeptierte die Neugliederung Norddeutschlands durch Preußen ohne seine Beteiligung. Das hatte für Österreich zur Folge, dass es erstmals in seiner Geschichte keine staatliche Verbindung mit dem übrigen Deutschland hatte. Aus dem österreichischen Kaiserreich wurde die kaiserlich-königliche österreichisch-ungarische Doppelmonarchie.

Preußen war der große Gewinner: Aufgrund der nunmehr akzeptierten Annexionen verfügte Preußen erstmals in seiner Geschichte über ein zusammenhängendes deutsches Territorium, das sich von Ostpreußen bis zur Rheinprovinz erstreckte.

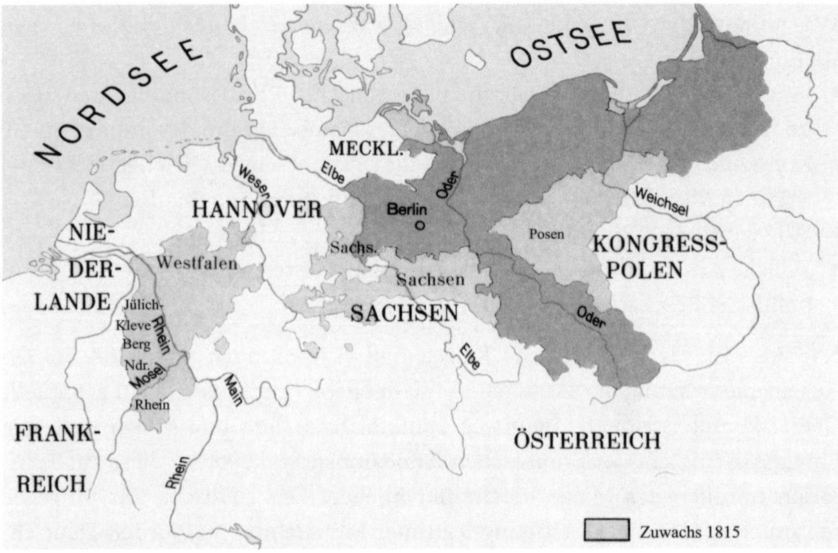

Die Karte zeigt den Gebietsstand Preußens nach dem Wiener Kongress 1815. Preußen wird zum größten Staat des neuen Deutschen Bundes, wächst „nach Deutschland hinein", verfügt aber über kein zusammenhängendes Territorium. Die Rheinprovinz ist von der Hauptgebietsmasse Preußens getrennt.

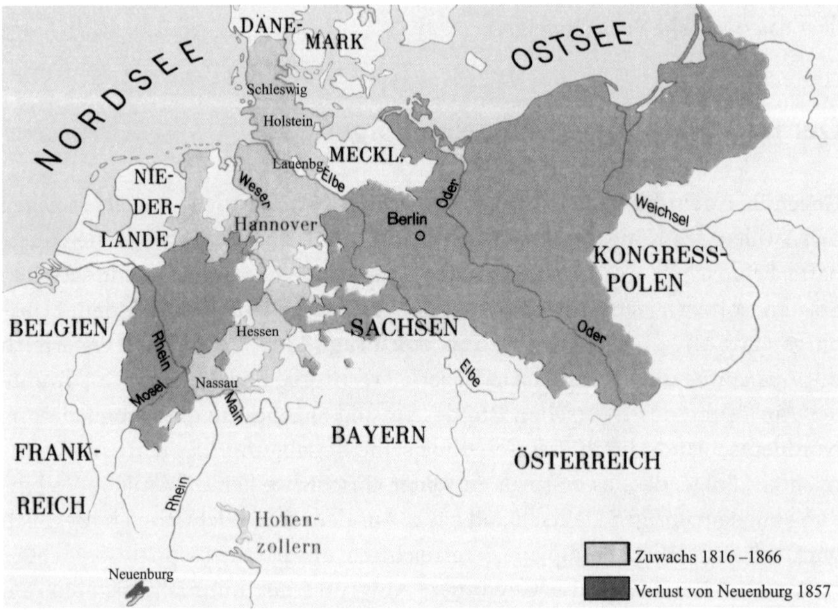

Nach den Kriegen gegen Dänemark (1864) und Österreich (1866) ist die „territoriale Lücke" geschlossen. Preußen verfügt nun über ein geschlossenes Staatsgebiet nördlich des Mains.

Die „große deutsche Revolution“ (Jakob Burckhardt) von 1866 wurde nicht vom Volk getragen, sondern war ein Ergebnis der preußischen Politik und des Erfolgs seiner Armee. Aber erst der eigenartige Verbund zwischen der erzkonservativen, auf den überkommenen monarchischen Prinzipien Bismarcks beruhenden Regierung und der aus bürgerlich-liberalen Wurzeln stammenden Nationalbewegung ermöglichte die nun beginnende „Revolution von oben“.

Auf der Weltausstellung in Paris 1867 präsentierte die Essener Firma Krupp eine monumentale Kanone. Während des gesamten 19. Jahrhunderts stand der Name „Krupp“ für deutschen Stahl und deutsche Rüstung.

Auf dem Weg zum Deutschen Nationalstaat (1867–1871)

Chronologie	
1867	Gründung des Norddeutschen Bundes unter Führung Preußens
1867	„Schutz- und Trutzbündnisse" zwischen Preußen und den süddeutschen Staaten zur Absicherung gegen Frankreich
1867	Gründung der nationalliberalen Partei
1868	Reorganisation des Zollvereins
1869	Gründung der Sozialdemokratischen Arbeiterpartei Deutschlands
13. Juli 1870	„Emser Depesche": Auslöser für die französische Kriegserklärung im Rahmen des Konflikts um die spanische Thronfolge
Juli 1870/Februar 1871	Deutsch-Französischer Krieg
1. September 1870	Sieg preußischer und süddeutscher Truppen gegen Frankreich bei Sedan
18. Januar 1871	Proklamation des preußischen Königs Wilhelm I. zum Deutschen Kaiser in Versailles
28. Januar 1871	Kapitulation der belagerten Stadt Paris
10. Mai 1871	Frieden von Frankfurt

Die Gründung des Norddeutschen Bundes

Der **Deutsche Bund** existierte nicht mehr. Er war das Resultat der dem Wiener Kongress entsprungenen Bestrebungen, die Verhältnisse der vorrevolutionären Zeit zu restaurieren ohne die Ergebnisse der napoleonischen Ära – zum Beispiel das Ende des Alten Reiches 1806 – ganz revidieren zu können. 1867 wurde der **Norddeutsche Bund** unter dem Präsidium Preußens, das die Exekutive innehatte, gegründet. Diese Neuschöpfung stellte gleichzeitig den ersten deutschen Bundesstaat dar. König Wilhelm ernannte Bismarck zum Kanzler des Bundes. Im Norddeutschen Bund dominierte das übermächtige Preußen, das inklusive aller Annexionen 24 Millionen Einwohner hatte. Seine übrigen 22 Mitglieder besaßen insgesamt nur sechs Millionen Bewohner. Allerdings ist die Schaffung und die Verfassung des Norddeutschen Bundes, welche u. a. einen nach allge-

Der starke preußische Militärstaat zwingt die Staaten nördlich des Mains unter seine Herrschaft.

meinem, gleichem, unmittelbarem Männerwahlrecht zusammengesetzten Reichstag vorsah, durchaus auch als Erfolg der nationalen und liberalen Bewegung anzusehen.

Die gängige Auffassung, dass der Norddeutsche Bund a priori die Keimzelle des späteren Deutschen Reiches darstellte, gibt die verwickelten Verhältnisse nur unzureichend wieder.

Natürlich sprechen einige gewichtige Indizien für diese Annahme: Bereits kurze Zeit nach dem Sieg bei Königgrätz schloss Bismarck mit den süddeutschen Staaten geheime defensive Militärbündnisse und verknüpfte diese dadurch noch enger mit Preußen. Die Schaffung des Norddeutschen Bundes machte eine **Reorganisation des Zollvereins** nötig, die zu Beginn des Jahres 1868 zwischen dem Norddeutschen Bund und den vier süddeutschen Staaten vollzogen wurde. Die Institutionen des Zollvereins orientierten sich am Vorbild des Norddeutschen Bundes: Er verfügte über ein **Präsidium**, einen **Zollbundesrat** und das **Zollparlament**. Entscheidungen wurden nach dem **Mehrheitsprinzip** getroffen und waren für alle Mitglieder bindend. Das dem König von Preußen unterstehende **Zollpräsidium** arbeitete Handelsverträge aus und kontrollierte die Einhaltung von Zoll- und Handelsgesetzen. Da sich der Zollverein auch auf die süddeutschen Staaten erstreckte, waren die wirtschaftlichen Strukturen der späteren nationalstaatlichen Einheit damit bereits vorweggenommen.

Konsequenzen für die süddeutschen Staaten

Der Sieg des militärisch und wirtschaftlich überlegenen Preußen über Österreich ließ den außerhalb des Norddeutschen Bundes verbleibenden süddeutschen Staaten keine andere Wahl als eine enge Zusammenarbeit mit Preußen. Dennoch: Das primäre Interesse der preußischen Krone bestand in der **gebietsmäßigen Arrondierung**, im Aufbau einer **Hegemonie** in Norddeutschland, in der **Stärkung des Militärs** und dem **Sieg über** den alten Konkurrenten **Österreich**. Einen Anschluss der nach der Auflösung des Deutschen Bundes erstmals souveränen süddeutschen Staaten – Bayern, Württemberg, Baden und Hessen-Darmstadt – fasste man aufgrund deren traditioneller Nähe zu Österreich, aber auch wegen der wirtschaftlichen und konfessionellen Unterschiede nicht ins Auge. Zudem wären die sich daraus möglicherweise ergebenden internationalen Verwicklungen nicht kalkulierbar gewesen. Für Bismarck war aus der Sicht des Jahres 1867 der erreichte Zustand mehr als zufriedenstellend, für die deutsche Nationalbewegung stellte er nur eine Zwischenstation dar. Bismarck machte auch in der Folgezeit Politik für Preußen, eine Politik allerdings, die – wie sich herausstellen sollte – gleichzeitig kongruent mit den Zielen einer deutschen Nationalpolitik war.

Für die **süddeutschen Staaten** ergab sich aus den Bestimmungen des Prager Friedensschlusses die Möglichkeit, sich zu einem **Südbund** zu vereinigen. Eine Lösung, die sowohl Frankreich als auch Österreich im Sinne einer dauerhaften Begrenzung der preußischen Hegemonie befürworteten. Von den süddeutschen Staaten war jedoch lediglich Bayern an einem Zusammenschluss interessiert, während die anderen drei die Dominanz Bayerns fürchteten und sich ablehnend verhielten. In den im März 1867 bekannt gewordenen, zunächst geheimen Militärverträgen – den sogenannten Schutz- und Trutzbündnissen – zwischen Preußen und den süddeutschen Staaten verpflichteten sich die Bündnispartner zu gegenseitiger Unterstützung im Kriegsfall und zur Unterstellung ihrer Truppen unter preußisches Kommando.

Konflikte mit Frankreich

Nachdem die innere Neugestaltung Deutschlands nach Königgrätz relativ reibungslos vor sich ging, zeichneten sich sehr bald außenpolitische Probleme ab, die im Wesentlichen mit Frankreich zusammenhingen. Frankreich, das im Frieden von Prag durchgesetzt hatte, dass sich Preußens Einfluss auf die Gebiete nördlich des Mains zu beschränken habe, beobachtete alle Entwicklungen argwöhnisch, die auf eine weitere Ausdehnung der preußischen Macht hinzuweisen schienen. Preußen hingegen wollte sich in seiner Handlungsfreiheit nicht einschränken lassen. Frankreichs Neutralität im Deutschen Krieg 1866 war nicht zuletzt durch in Aussicht gestellte Gebiete erreicht worden. Als Napoleon III. nach Kriegsende Ansprüche auf Rheinhessen und die bayerische Pfalz geltend machte, wies Preußen diese Forderungen energisch zurück, was ihm Anerkennung seitens der süddeutschen Staaten einbrachte.

Die daraufhin zwischen Preußen und den süddeutschen Staaten geschlossenen **„Schutz- und Trutzbündnisse“** waren vorrangig als Absicherung gegen einen französischen Angriff gedacht. Frankreichs Augenmerk richtete sich daraufhin auf den Erwerb des Großherzogtums Luxemburg, das vom holländischen König regiert wurde, aber zum Deutschen Bund gehört hatte.

Stellvertretend für den Sturm der nationalen Empörung äußerte sich der Nationalliberale **Rudolf von Bennigsen** 1867 in einer Sitzung des Norddeutschen Reichstages wie folgt: „Wir haben in dem Grenzlande Luxemburg nicht bloß einen Teil deutschen Bodens zu verteidigen, wir haben da auch eine wichtige militärische Position zu schützen, welche, wenn sie aufgegeben werden sollte, wenn das Land an Frankreich kommen sollte, nicht allein Belgien, sondern auch die deutsche Rheinprovinz stets unmittelbar bedrohen würde."[19]

Preußen gelang es im Sog des nationalen Protestes, die Absichten Frankreichs bzgl. Luxemburg zu vereiteln: Luxemburg wurde als neutraler und souveräner Staat unter den Schutz der europäischen Mächte gestellt. Frankreich fühlte sich brüskiert: Durch seine Haltung im Deutschen Krieg hatte es dazu beigetragen, dass an seiner Ostgrenze eine bedeutende politische, wirtschaftliche und militärische Macht entstanden war und nichts dafür bekommen.

Napoleon III. (1808–1873), Kaiser der Franzosen, Neffe Napoleons I., posiert mit Kaiserin Eugenie und Prinz Louis-Napoleon für eine neue Erfindung: die Fotografie.

19 Fenske, a. a. O., S. 364

Obwohl von keinem der Beteiligten klar ausgesprochen, war nach den Formen postabsolutistischer Konfliktbewältigungsmechanismen eine militärische Auseinandersetzung nicht mehr auszuschließen.

Den Anlass dazu bot der Konflikt um die **spanische Thronfolge**. Nach dem Sturz der Königin **Isabella II.** durch das Militär, bot man, zunächst auf dem Wege der Geheimdiplomatie, dem aus einer katholischen Seitenlinie des Hauses Hohenzollern stammenden Prinzen **Leopold von Sigmaringen** den spanischen Thron an. Bismarck befürwortete dessen Kandidatur, weil er sah, dass die Möglichkeit einer spanisch-deutschen Allianz unter Preußens Führung für Frankreich inakzeptabel sein würde. Als der französische Kaiser von dieser Kandidatur erfuhr, forderte er vehement den Thronverzicht Leopolds und kündigte andernfalls militärische Konsequenzen an. Leopold verzichtete daraufhin mit dem Einverständnis Preußens auf seine Kandidatur. Für Bismarck, der eine militärische Konfrontation mit Frankreich seit 1867 nicht mehr ausschloss, ging es nun primär darum, in der Öffentlichkeit nicht selbst als Kriegstreiber dazustehen. Dabei kam ihm das undiplomatische Verhalten Napoleons III. zu Hilfe: Der Kaiser entsandte seinen Botschafter **Benedetti** nach Bad Ems, wo sich der preußische König auf Kur befand, nicht nur um dort von Wilhelm I. einen expliziten und dauerhaften Verzicht der Hohenzollern auf den spanischen Thron zu erwirken, sondern auch eine Erklärung, dass der König die Ehre und die Interessen Frankreichs nicht habe verletzen wollen. Wilhelm I. wies diese Forderungen zurück und informierte Bismarck in einem Telegramm über den Sachverhalt. Bismarck verknappte den Text dieser **„Emser Depesche“** in einer Weise, die zwar inhaltlich keinen neuen Konfliktstoff bot, durch die Diktion aber als verletzend für Frankreich gelten konnte, und ließ ihn veröffentlichen. Damit wurde Frankreichs diplomatische Niederlage offenbar.

Der Krieg gegen Frankreich

Bismarcks Kalkül ging auf: Napoleon III. erklärte am 19. Juli 1870 den Krieg, begleitet vom Unverständnis der europäischen Staatenwelt. Zwar war der Krieg gegen Preußen gerichtet, doch die süddeutschen Staaten, mit Preußen seit der Zeit nach Königgrätz militärisch verbunden, reihten sich – aus Furcht vor französischen Übergriffen – in die Allianz gegen Frankreich ein. Somit konnte dieser Krieg tatsächlich – ähnlich wie die Befreiungskriege gegen Napoleon Bonaparte zu Beginn des Jahrhunderts – als nationaler Abwehrkampf der Deut-

Der Deutsch-Französische Krieg war auf beiden Seiten sehr verlustreich. Bei der entscheidenden Schlacht von Sedan gerieten 104 000 Franzosen in deutsche Gefangenschaft, darunter auch Napoleon III. Insgesamt hatte der Krieg ein doppeltes Gesicht: Zwar fanden hier die letzten großen Reiterschlachten und Bajonettangriffe der europäischen Geschichte statt, kriegsentscheidend aber war der Einsatz moderner Technik.

schen gewertet werden. Dies gab wohl mit den Ausschlag, den letzten politischen Schritt zur nationalstaatlichen Vereinigung ganz Deutschlands zu tun.

Vergleicht man die Entwicklung des Kriegsgeschehens mit der diplomatischen Aufgeregtheit und mit dem nationalen Pathos, von dem der Krieg im Vorfeld begleitet wurde, so lässt sich der Kriegsverlauf wesentlich nüchterner beschreiben: Während die ersten größeren Kampfhandlungen Anfang August bei Weißenburg und Wörth im Elsass sowie bei Spichern in der Nähe von Saarbrücken beiden Seiten große Verluste beibrachten, besiegten die preußischen und süddeutschen Truppen unter Führung des schon 1866 erfolgreichen Generalstabschefs **Helmuth von Moltke** die Franzosen am 1. September 1870 bei **Sedan** an der Maas.

Napoleon III. geriet mit über 100 000 Mann seiner Hauptarmee in Gefangenschaft. Mit seinem Sturz endete das Zweite Empire und in Paris wurde unmittelbar darauf die Republik ausgerufen. Dort wurde auch der erbitterte Widerstand gegen die von Bismarck verlangte und später vollzogene Abtretung der Grenzländer Elsass und Lothringen geschürt. Damit war ein Konfliktpotenzial geschaffen, das nicht nur das deutsch-französische Verhältnis in der Zukunft massiv belastete, sondern auch die Handlungsfähigkeit der deutschen Außenpolitik im späteren Kaiserreich entscheidend einengte.

Die jährlichen Sedanfeiern am 2. September erinnerten an den nationalen Triumph der Deutschen. Die Franzosen hingegen erinnerte dieser Feiertag an ihre tiefste Schmach und belastete so das Verhältnis zwischen den Staaten dauerhaft.

Im Vorfeld der Reichsgründung

Viele Maßnahmen zur außenpolitischen Absicherung Deutschlands, die man später Bismarcks kunstvoller Diplomatie zuschrieb, waren durch das Insistieren auf die Abtretung von Elsass-Lothringen erforderlich geworden. Während der Krieg noch weiterging, mit der Kapitulation der belagerten Stadt Paris am 28. Januar 1871 militärisch endete und im **Frieden von Frankfurt** am 10. Mai 1871 seinen vertragsmäßigen Abschluss fand, stellte Bismarck die innerdeutschen Weichen für die Einigung: Zwar verstärkte sich innerhalb der nationalen Bewegung aufgrund des erfolgreichen Kriegsverlaufs die Meinung, dass am Ende des Krieges auch ein geeintes Deutschland stehen müsse. Jedoch legte Bismarck Wert darauf, dass eine zukünftige Herrschaft des preußischen Königs über ein Deutsches Reich nicht Resultat des Wunsches der liberal und national bewegten bürgerlichen Öffentlichkeit sein dürfe, sondern die Zustimmung der süddeutschen Fürsten als Voraussetzung haben müsse. Infolgedessen trat er bereits im Herbst 1870 mit den Fürsten in Verhandlungen und erreichte – teils durch politische Zugeständnisse in Form sogenannter „Reservatrechte“(= Sonderrechte) – deren Zustimmung zum Beitritt in den Norddeutschen Bund. Im Dezember 1870 bot der bayerische König **Ludwig II.** König Wilhelm I. im Namen der übrigen deutschen Fürsten die deutsche Kaiserkrone an, nachdem er – hoch verschuldet – durch von Bismarck veranlasste preußische Zahlungen dazu motiviert worden war. Am 18. Januar 1871 wurde der preußische König Wilhelm I. von den deutschen Fürsten im Spiegelsaal von Versailles zum **„Deutschen Kaiser“** erhoben.

Damit war die Schaffung des deutschen Kaiserreiches in den Formen monarchisch-souveräner Entscheidungsfindung vollzogen. Das **Volk** war und wurde nicht beteiligt. Der sich in den 1850er- und 1860er-Jahren militärisch und wirtschaftlich überlegen erweisende preußische Staat hatte seine Hegemonie auf ganz Deutschland ausgedehnt und die **kleindeutsche Nationalstaatsbildung** durchgesetzt. Dementsprechend verhalten wurde dieses Ergebnis von der Mehrheit der deutschen Staaten akzeptiert. Allerdings darf nicht unterschlagen werden, dass die sich seit Ende der 1850er-Jahre wieder vehement öffentlich zu Wort meldende bürgerliche Nationalbewegung – wenn auch unbeteiligt an machtpolitischen Entscheidungen – den Prozess der Nationalstaatsbildung massiv befördert und unterstützt hat.

Der deutsche Nationalstaat im europäischen Kräftefeld

Mit der Schaffung des deutschen Kaiserreichs im Zentrum Europas wurden die Kräfteverhältnisse in Europa zugunsten Deutschlands umgewichtet. Immerhin war damit die größte politische Kraft in Mitteleuropa mit ca. 43 Millionen Einwohnern, geeint in einem Nationalstaat mit militärischer und wirtschaftlicher Potenz, entstanden. Allerdings stellte das Kaiserreich nicht die vollständige Verwirklichung eines deutschen Nationalstaates dar: Innerhalb des Reiches waren nationale Minderheiten der Dänen, Polen und Franzosen ansässig; außerhalb des Reiches lebten deutschsprachige Bevölkerungsteile in Luxemburg, Österreich und Böhmen.

Klar war, dass **Frankreich**, mit dem Verlust Elsass-Lothringens und fünf Milliarden Goldfrancs Kriegsentschädigung belastet, als unversöhnlicher Gegner des neuen Reiches an seiner Westgrenze zu gelten hatte. Sein Vorhaben, die Vormachtrolle in Europa auszubauen, war durch das Ergebnis des Krieges ins Gegenteil umgeschlagen. Frankreichs zukünftiges außenpolitisches Hauptziel bestand in der Revision des Friedens von Frankfurt. Die Annexion von Elsass-Lothringen ist nicht ganz zu Unrecht als „Haftmine“[20] bezeichnet worden, die es galt, nicht scharf werden zu lassen, was die späteren bündnispolitischen Aktivitäten Bismarcks für Deutschland geradezu überlebenswichtig werden ließ.

20 Willms, a. a. O., S. 246

Die Regierung **Großbritanniens** betrachtete die Entwicklung Deutschlands zum führenden Staat in Kontinentaleuropa mit Gelassenheit. Hoffte sie doch, dass sich ein außenpolitisch handlungsfähiges Deutschland wirkungsvoller gegen die beiden Rivalen Englands, Russland und Frankreich würde behaupten können als der machtlose Deutsche Bund. **Russland**, dessen europäischer Einfluss seit der Niederlage im Krimkrieg abgenommen hatte, richtete sein Interesse einerseits auf Ostasien sowie andererseits auf den Balkan, den Bosporus und die Dardanellen als Verbindungsstück zwischen dem Schwarzen Meer und dem Mittelmeer. Russland sah die Verschiebung des Mächteparallelogramms in Mitteleuropa zugunsten Deutschlands mit Skepsis, wollte aber aus wirtschaftlichen Gründen die Beziehungen zum neuen Deutschen Reich nicht gefährden. **Österreich-Ungarn**, aus Deutschland endgültig herausgedrängt, kam nicht um eine Zusammenarbeit mit dem deutschen Kaiserreich herum. Zum einen um die Sogwirkung, die der deutsche Nationalstaat auf die Deutsch-Österreicher ausübte, zu unterbinden, zum anderen um Unterstützung für seine Balkaninteressen zu gewinnen.

Preußen und das Deutsche Reich mit seinen Grenzen 1871.

Die innere Reichsgründung

Chronologie	
21. März 1871	Eröffnung des ersten Reichstages in Berlin
14. April 1871	Verabschiedung der Reichsverfassung: Schaffung eines Bundesstaates mit monarchischer Spitze und Dominanz der Exekutive

Die Ausgangssituation

Heinrich von Sybel, liberaler Politiker und Historiker, äußerte sich wenige Tage nach der Erhebung Wilhelms I. zum deutschen Kaiser euphorisch über die vollzogene Reichsgründung: „Wodurch hat man die Gnade Gottes verdient, so große und mächtige Dinge erleben zu dürfen? Und wie wird man nachher leben? Was zwanzig Jahre der Inhalt allen Wünschens und Strebens gewesen, das ist nun in so unendlich herrlicher Weise erfüllt! Woher soll man in meinen Lebensjahren noch einen neuen Inhalt für das weitere Leben nehmen?“[21]

Otto von Bismarck, der Reichsgründer von 1871

Dennoch darf der tief greifende Eindruck, den die Gründung des deutschen Nationalstaates nicht nur bei der zeitgenössischen Öffentlichkeit hinterlassen hat, nicht darüber hinwegtäuschen, dass damit zunächst nur der äußere Rahmen für ein fragiles inneres Gebäude geschaffen worden war: Die Protagonisten der Nationalbewegung feierten die Reichsgründung als Triumph, der jedoch dadurch erheblich geschmälert wurde, dass dieser nur unter der Führung des autoritären preußischen Staates und demnach unter weitgehendem Verzicht auf

21 Fenske, Hans (Hrsg.): Im Bismarckschen Reich: 1871–1890. Darmstadt 1978, S. 37

liberale Errungenschaften möglich geworden war. Preußen selbst hatte die Gründung eines kleindeutschen Staates nicht als Herzensangelegenheit empfunden. Bismarcks berühmt gewordener Ausspruch: „Setzen wir Deutschland, sozusagen, in den Sattel! Reiten wird es schon können“[22], aus dem Jahre 1867 mag Zeugnis davon ablegen. Preußens Herrscher, seinem regierenden Minister und seinen Eliten aus Grund besitzendem Adel und Militär ging es hauptsächlich um die Stärkung des eigenen Staates, der keinesfalls in Deutschland aufgehen sollte. Genau das fürchteten die süddeutschen Staaten, die in den Reichsgründungsverhandlungen politische Zugeständnisse erhalten hatten. Aufgrund dessen glaubten sie, Reste ihrer Unabhängigkeit in den neuen Staat herübergerettet zu haben. Allerdings wurde diese vermeintliche Unabhängigkeit bereits seit Königgrätz immer geringer.

Dennoch: Das **neue Deutschland**, ein aus **25 Einzelstaaten** – darunter vier Königreiche, sechs Großherzogtümer, fünf Herzogtümer, sieben Fürstentümer und drei freie Städte – bestehender **Bundesstaat**, dem noch das „Reichsland“ Elsass-Lothringen angegliedert wurde, war historisch, geografisch, bevölkerungsmäßig, wirtschaftlich und konfessionell keine Einheit. Diese galt es erst zu entwickeln. Aber unter welchen Voraussetzungen? Der Kaiser und insbesondere sein Reichskanzler waren einem Staats- und Politikverständnis verhaftet, dessen Wurzeln im Absolutismus des 18. Jahrhunderts lagen. Für beide waren die Interessen des Staates und der Dynastie identisch. Die Monarchie wurde gestützt von den alten Eliten aus Landadel und Militär sowie von der Bürokratie. Mitsprache- und Mitentscheidungsrechte im liberalen Sinne wurden nicht akzeptiert. Deren Einforderung erachteten Kaiser und Reichskanzler als gegen das Staatsinteresse gerichtet. Aber war ein derartiges Politikverständnis dazu geeignet, den Herausforderungen einer sich entwickelnden Industriegesellschaft im letzten Drittel des 19. Jahrhunderts gerecht zu werden?

Es gelang schnell, **Rechtsgleichheit** zu gewährleisten, **einheitliche Maße, Münzen und Gewichte** festzulegen und eine **Verfassung** in Kraft zu setzen. Aber der konstruktive Umgang mit den sich entwickelnden Parteien, Kirchen, Verbänden, Gewerkschaften und Genossenschaften, den unverzichtbaren Bestandteilen einer pluralen Interessengesellschaft, bereitete dem politisch rückwärts gewandten Staat erhebliche Schwierigkeiten; er lag außerhalb seines Interesses. Auch deshalb gilt das deutsche Kaiserreich manchen als „unvollendeter Nationalstaat“ (Theodor Schieder).

22 Bismarck, Otto von: Die gesammelten Werke. Bd. 10, S. 329

Zunächst jedoch dokumentierte man das Selbstverständnis des neuen Kaiserreiches bei der Eröffnung des ersten Reichstages in Berlin am 21. März 1871 mit alten Symbolen. Um die monarchische Tradition, der sich der neu gegründete Nationalstaat verbunden sah, sichtbar zu machen, trugen preußische Generäle die Reichsinsignien, der Kaiser thronte auf dem Thronsessel Heinrichs III. Die Tatsache, dass sich das innere Zusammenwachsen des Kaiserreiches zukünftig sehr schwierig gestalten sollte, führte immer mehr dazu, dass sich der nationale Zusammenhalt in symbolischen Handlungen äußerte: Die Feiern anlässlich des Geburtstages des Kaisers und des Sieges über Frankreich („Sedanstag" am 2. September) boten Gelegenheit zu patriotischen Ansprachen und Festen sowie zur Intonation der preußischen Königshymne „Heil dir im Siegerkranz". Sozusagen versinnbildlicht wurden Kraft und Stärke des neuen Reiches durch die Figur der *Germania*. Staatstragender Integrationsfaktor wurde das Militär preußischer Tradition, dessen adeliges Offizierskorps auch zunehmend bürgerlichen Gruppen als Vorbild diente.

Philipp Veits (1793–1877) *Germania* veranschaulicht die politische Situation Deutschlands seit 1848: Zu ihren Füßen liegen zur Demonstration der errungenen Freiheit die zersprengten Eisenfesseln. Die ehemals verbotene schwarz-rot-goldene Fahne hält sie in der linken Hand und als Symbol der Hoffnung geht im Hintergrund die Sonne auf. Den doppelten Reichsadler auf der Brust, trägt sie zum Zeichen deutscher Stärke einen Eichenkranz und umgreift mit ihrer Rechten das Schwert.

Das Parteienspektrum

Die ersten Wahlen zum neuen deutschen Reichstag fanden am 3. März 1871 statt. Wahlberechtigt waren alle Männer ab 25 Jahren. Nun rückten erstmals auch Parteien in das Licht der Öffentlichkeit, zu denen sich die Abgeordneten im Reichstag bekannten. Allerdings besaßen sie keine politische Verantwortung und waren infolgedessen nicht zur Kooperation mit anderen politischen Kräften und damit zur Erzielung von Kompromissen gezwungen. Stärkste politische Kraft wurden die **Nationalliberalen**, gefolgt von den beiden konservativen Parteien (**Deutschkonservative** und **Freikonservative**), dem katholischen **Zentrum**, der liberalen **Fortschrittspartei** sowie – weit abgeschlagen – den **Sozialdemokraten**. Die erste Aufgabe des neuen Reichstages bestand in der Verabschiedung der Reichsverfassung am 14. April 1871, die nach Bismarcks Willen stark an die Verfassung des Norddeutschen Bundes angelehnt war.

Das Wahlergebnis spiegelte die Interessengegensätze wider. Fast alle **Nationalliberalen** begrüßten die nationalstaatliche Einigung auch um den Preis der kleindeutschen Lösung unter Ausschluss Österreichs. Ganz im Gegensatz dazu standen die meisten **Konservativen** zumindest in Preußen dem Nationalstaat skeptisch gegenüber, da sie in seiner Bildung einen Triumph der bürgerlichen Nationalbewegung sahen.

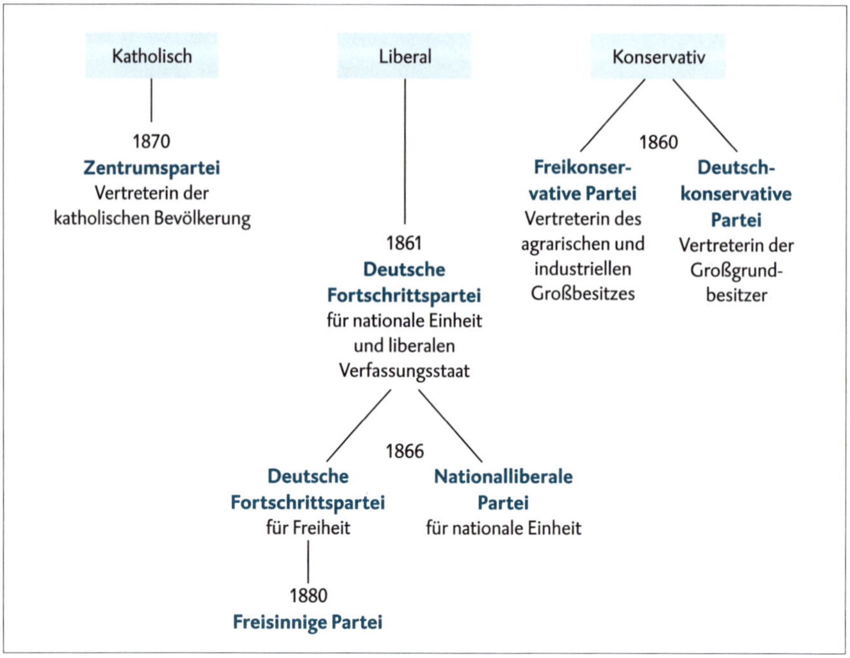

Erst 1876 fand sich die Mehrheit der preußischen Altkonservativen definitiv mit der Reichsgründung ab und schloss sich mit neukonservativen Befürwortern der Reichsgründung zur Deutschkonservativen Partei zusammen. Diese Skepsis galt auch für viele – vorwiegend in Süddeutschland beheimatete – Anhänger des katholischen Zentrums, wenn auch aus anderen Motiven: Sie befürchteten die Dominanz des preußischen Protestantismus. Die liberale **Fortschrittspartei**, eine der Trägerinnen der Nationalbewegung zu Beginn der 1860er-Jahre, die durch die Abspaltung der Nationalliberalen 1867 einen herben Bedeutungsverlust hinzunehmen hatte, stand dem sich unter Preußens Regie präsentierenden Kaiserreich nicht ohne Bedenken gegenüber, da sie nicht zu Unrecht um liberal-freiheitliche Prinzipien bangen musste. Darüber hinaus lehnten die Angehörigen nichtdeutscher Minderheiten – Polen in Ostpreußen, Dänen in Nordschleswig, Franzosen in Elsass-Lothringen – den deutschen Nationalstaat aus verständlichen Gründen ab.

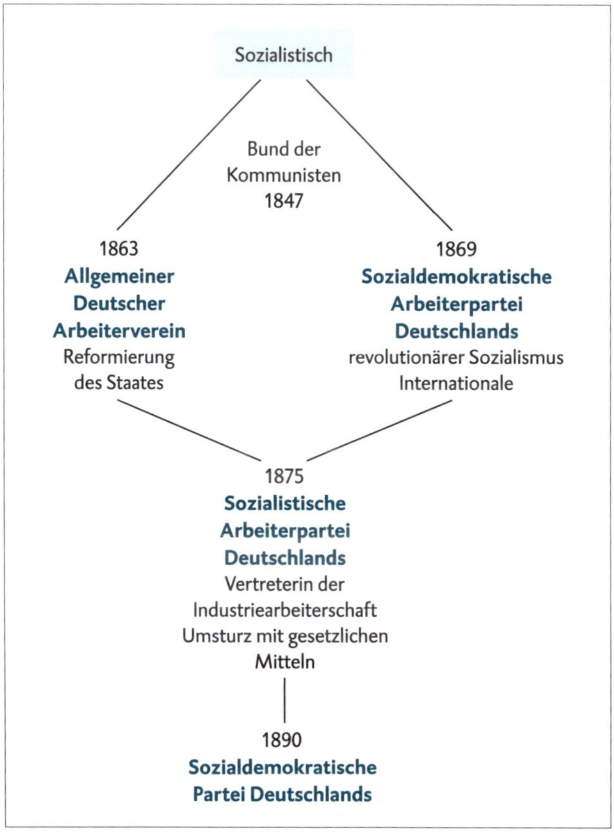

Die Entwicklung der einzelnen Parteien in der Bismarckzeit.

Die Reichsverfassung

Das Kaiserreich war ein Bundesstaat, dem 25 Einzelstaaten angehörten. Seine Verfassung sah **vier Verfassungsorgane** vor: den **Bundesrat**, den **Kaiser**, den **Reichskanzler** und den **Reichstag**. In die Zuständigkeit des Reiches – und somit des Kaisers – fielen die Außenpolitik, das Militärwesen sowie die Wirtschafts- und Sozialpolitik, also die zentralen politischen Aufgabenbereiche.

Die Reichsverfassung enthielt **keine Grundrechte**. Obwohl deren Verankerung vor allem von **Ludwig Windthorst**, dem Führer der Zentrumspartei, vehement gefordert worden war. Allerdings wurde die Aufnahme der Grundrechte von den Nationalliberalen entgegen ihren ureigensten Prinzipien nicht mitgetragen. Damit definierten sich die Fraktionen im Reichstag zwar als „Sammlungspunkt der Interessen"[23], verzichteten aber auf die Chance, das Handeln von Regierung und Bürokratie an verfassungsmäßig garantierte Grundrechte zu binden. Dadurch nahmen sie die **Dominanz der Exekutive** im deutschen Kaiserreich von vornherein in Kauf.

Die **Einzelstaaten** verfügten über eigene Verfassungen sowie ein eigenes Wahlrecht und regelten Angelegenheiten der Justiz, Verwaltung, Finanzen und Bildung in eigener Verantwortung. Bayern, Württemberg und Sachsen blieben darüber hinaus bedeutende Reservatrechte vorbehalten. Bayern beispielsweise unterhielt eigene diplomatische Vertretungen, eigene Eisenbahnen, eine eigene Post sowie – in Friedenszeiten – eine eigene Armee. Die Steuerverteilung für diese Aufgaben war zwischen Reich und Einzelstaaten so geregelt, dass das Reich sämtliche Verbrauchssteuern, Einnahmen aus Zöllen und öffentlichen Unternehmen erhielt, während den Ländern die direkten Steuern vor allem aus Erwerbseinkommen zukamen. Im Zuge der stetigen Erweiterung der Staatsaufgaben reichten die Finanzquellen des Reiches zur Deckung des Staatsbudgets, in dem der Militäretat den größten Posten ausmachte, nicht mehr. Daher mussten die Länder sogenannte „Matrikularbeiträge" an das Reich abführen, deren Höhe ständig zunahm. Das Reich wurde somit zu einem „Kostgänger" der Länder und versuchte sich durch die Erschließung neuer Einkünfte aus der Abhängigkeit der Länder zu befreien.

Formal war der **Bundesrat** als **Repräsentativorgan der Einzelstaaten** das höchste Reichsorgan. Als „ewiger Bund" sollte er auf die Souveränität der in ihm zusammengeschlossenen Monarchen verweisen. Allerdings heißt das nicht, dass das Reich das Resultat eines jederzeit kündbaren Vertrages gewesen ist. Alleiniger Träger der Souveränität war das Reich. Die Einzelländer übten

23 Stürmer, Michael, a. a. O., S. 176

lediglich die Staatsgewalt des Reiches in ihren Gebieten aus. Das Deutsche Reich war somit kein Staatenbund, der, vergleichbar dem ehemaligen Deutschen Bund, aus autonomen Einzelstaaten bestand, sondern ein **Bundesstaat**. Die **58 Mitglieder** des Bundesrates waren die bevollmächtigten Regierungsvertreter der Einzelstaaten. Auf Preußen entfielen 17, auf Bayern sechs, auf Sachsen und Württemberg je vier, auf Baden und Hessen-Darmstadt je drei, auf Mecklenburg-Schwerin und Braunschweig je zwei, auf die übrigen 17 Staaten je eine der insgesamt 58 Stimmen.

Den Vorsitz im Bundesrat besaß der Ministerpräsident Preußens, der zugleich Reichskanzler und preußischer Außenminister war – Bismarck. Preußen verfügte, wenn nicht zahlenmäßig, so doch in der politischen Realität, auch im Bundesrat über den maßgebenden Einfluss: „Ihm war von Bismarck darüber hinaus die Funktion zugedacht, den Machtgelüsten des Reichstags und der Parteien Grenzen zu setzen und jede Entwicklung zum Parlamentarismus zu blockieren."[24]

Dies konnte erstens dadurch geschehen, dass der Bundesrat im Rahmen seiner legislativen Funktion jedem Gesetz und damit auch dem Budget zustimmen musste, zweitens indem er exekutive Befugnisse wie die Verordnungen zur Ausführung der Reichsgesetze ausüben und gemeinsam mit dem Kaiser den Reichstag auflösen konnte. Damit hatte die im Bundesrat dominierende preußische Regierung ein wirksames Mittel zur Eingrenzung des politischen Einflusses des Reichstags in der Hand. Darüber hinaus ratifizierte der Bundesrat völkerrechtliche Verträge. Im Falle von Kriegserklärungen war seine Zustimmung erforderlich.

Der **Kaiser** war die monarchische Spitze des Reiches. Die Monarchie war an die Verfassung gebunden, insofern war sie **konstitutionell**. Laut Verfassung hatte der Kaiser die **Bundespräsidialgewalt** inne. In dieser Funktion berief er Bundestag und Reichstag ein, ernannte und entließ den Reichskanzler sowie die Reichsbeamten, entschied über Krieg und Frieden und vertrat das Reich völkerrechtlich. Er verkündete die vom Bundesrat und Reichstag beschlossenen Gesetze; gegen diese stand ihm jedoch kein Vetorecht zu. Gemeinsam mit dem Bundesrat konnte der Kaiser den Reichstag auflösen. Darüber hinaus besaß er die **ausschließliche Kommandogewalt**, d. h. dass er in allen militärischen Angelegenheiten allein und ohne Mitsprache anderer Verfassungsorgane entscheiden konnte. In der nur dem Kaiser vorbehaltenen, auf preußischer Tradition fußenden Kommandogewalt spiegelte sich die autoritär-militärische Grundsubstanz der Reichsgründung wider.

24 Ullrich, Volker: Die nervöse Großmacht 1871–1918. Aufstieg und Untergang des deutschen Kaiserreichs. Frankfurt/Main 1997, S. 32

Der **Reichskanzler** stützte sich allein auf das Vertrauen des Kaisers. Er war dem Reichstag verantwortlich und konnte von diesem nicht entlassen werden. Die Verfassung legte fest, dass Kaiser und Reichskanzler gemeinsam die Richtlinien der Politik bestimmten. Der Reichskanzler unterzeichnete die Regierungsakte des Kaisers und übernahm damit die **politische Verantwortung gegenüber Reichstag und Öffentlichkeit**. Da der Reichskanzler in **Vertretung des Kaisers** den Vorsitz im Bundesrat führte, konnte er dort unerwünschte Gesetzesvorhaben des Reichstags blockieren lassen. Gleichzeitig war er aber auch auf die Mehrheit der Reichstagsmitglieder angewiesen, wenn es galt, Regierungsvorlagen zu beschließen. Insofern war der Reichskanzler de facto das mit den größten politischen Handlungsmitteln ausgestattete Bindeglied zwischen den einzelnen Verfassungsorganen.

Der **Reichstag** als gewählte Volksvertretung war das **demokratische Element** in der Reichsverfassung. Er setzte sich ab 1873 aus 397 Abgeordneten zusammen, die in allgemeiner, direkter, gleicher und geheimer Wahl zunächst für drei, ab 1888 für fünf Jahre gewählt wurden. Wahlberechtigt waren alle deutschen Männer über 25 Jahre. Gewählt wurde nach dem **Mehrheitswahlrecht**, jeweils ein Abgeordneter („Reichsbote") aus jedem der 397 Wahlkreise. Der Reichstag war an der **Gesetzgebung** beteiligt. Ohne seine Zustimmung konnte kein Gesetz verabschiedet werden. Darüber hinaus hatte er den jährlichen **Staatsetat** zu genehmigen. Und schließlich konnte der Reichstag die Reichsregierung auch kontrollieren, indem er ihre Politik in Form von **Reichstagsdebatten** kritisierte und somit der Öffentlichkeit zugänglich machte. Allerdings fehlten dem Reichstag wesentliche Rechte einer modernen demokratischen Verfassung: So die Macht, eigenständig Gesetze zu beschließen, auf die Ernennung und Entlassung des Kanzlers Einfluss auszuüben und die Regierung zur Rechenschaft zu ziehen. Eine weitere Hypothek bestand darin, dass der Reichstag gegenüber der Regierung nicht kollektiv auftrat, da sich die Abgeordneten als Vertreter kontroverser Interessenparteien selten einig waren. Die Wirksamkeit des Reichstags wurde schließlich auch dadurch gehemmt, dass er durch den Kaiser und den Bundesrat – und somit indirekt durch den Reichskanzler – aufgelöst werden konnte. Wiederholte diesbezügliche Drohungen schränkten den Mut mancher Abgeordneter, der Auffassung der Regierung zu widersprechen, spürbar ein.

Gegenüber den Verfassungen einzelner Länder war die Reichsverfassung hinsichtlich des **Wahlrechts** allerdings sehr fortschrittlich: In Preußen wurden die Abgeordneten der zweiten Kammer nach dem **Dreiklassenwahlrecht** gewählt; auf die Zusammensetzung des „Herrenhauses" – der ersten Kammer – hatte die Bevölkerung keinerlei Einfluss. In Sachsen herrschten ähnliche Verhältnisse. In Mecklenburg bestand die Ständeversammlung des 18. Jahrhunderts bis zum Untergang des Kaiserreiches 1918 ungebrochen fort; hier vertraten die einzelnen Mitglieder, die ihren Sitz geerbt hatten, nach wie vor ihre eigenen Interessen im Landtag.

Fortschrittlicher war das Wahlrecht im Süden des Reiches, wo das konstitutionelle Denken seit der Zeit der Befreiungskriege stärker verhaftet war: In Baden und Württemberg existierte ein allgemeines Wahlrecht, in Hessen und Bayern war es Ausübung an die Entrichtung einer geringen Steuer geknüpft.

Die Reichsverfassung

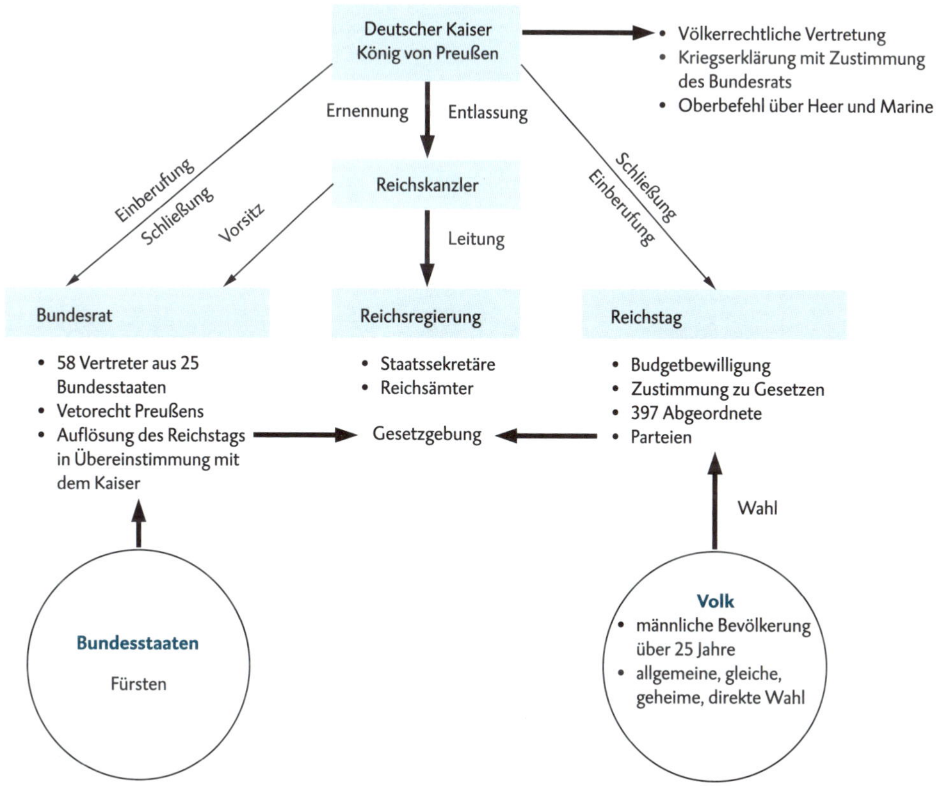

Innenpolitische Konfliktfelder

Chronologie	
1871	Inkrafttreten des Strafgesetzbuches und der Strafprozessordnung für das Deutsche Reich
1871–1887	Kulturkampf: Vorgehen des Staates gegen politische Aktivitäten der katholischen Kirche
1871	Gründung der katholischen Zentrumspartei
1871	Kanzelparagraph
1872	Schulaufsichtsgesetz, Verbot des Jesuitenordens
1873	Maigesetze: staatliche Kontrolle der Priesterausbildung, Erleichterung des Kirchenaustritts
1874/1875	Expatriierungsgesetz; Einführung der Zivilehe; Brotkorbgesetz
1875	Gründung der Sozialistischen Arbeiterpartei Deutschlands
1871–1878/79	Wirtschaftsreformen: Gewerbefreiheit, Freizügigkeit, einheitliches Patentrecht, Einführung der Mark, Gründung der Reichsbank
1878–1890	Gesetz gegen die gemeingefährlichen Bestrebungen der Sozialdemokratie
1883	Krankenversicherungsgesetz
1884	Unfallversicherungsgesetz
1889	Alters- und Invalidenversicherungsgesetz

Bismarcks „Schaukelpolitik“

Reichsproklamation und Reichsverfassung gestalteten den Rahmen für den neu entstandenen deutschen Nationalstaat. Seine Entwicklung verlief nicht ohne Brüche, wobei politische, wirtschaftliche und gesellschaftliche Komponenten in konflikthafter Weise miteinander verzahnt waren. Im Kräftefeld unterschiedlicher Interessen versuchten Parteien, Verbände, Vereine, Gewerkschaften, Genossenschaften und Kirchen in jeweils wechselnden Koalitionen mit- oder gegeneinander ihre Ziele durchzusetzen. Sie gerieten dadurch häufig in Gegensatz zur Reichsregierung, die – vor allem in der Person Bismarcks – eisern an der Auffassung festhielt, dass nur der über allen Interessengruppen stehende monarchische Staat die Interessen der Gesamtheit zu verwirklichen vermag.

Diese Staatsauffassung war zumindest auf zweifache Weise anachronistisch: Sie repräsentierte das Staatsbild einer monarchisch-vorindustriellen Zeit und ging von der Annahme aus, politische Entscheidungen könnten ganz an den Interessengruppen vorbei getroffen werden. Genau in diesem Zwiespalt bewegte sich Bismarck von Beginn seiner Amtszeit als Reichskanzler an: Einerseits musste er bei den Parteien ständig um Mehrheiten kämpfen. Andererseits bekämpfte er die Parteien grundsätzlich, da er ihnen pauschal vorwarf, „Tendenzpolitik“ zu betreiben und damit den Staatsinteressen zu schaden. Der preußische Historiker **Heinrich von Treitschke** beschrieb die Bedeutung der Parteien 1874 in einer Vorlesung über Politik wie folgt:

„Aus einer unbefangenen geschichtlichen Betrachtung ergibt sich klar, dass die Parteien eine politische Notwendigkeit sind für freie Völker. Durch das Parteileben fassen sich die unzähligen Meinungen aller einzelnen zusammen zu einer Durchschnittsmeinung, die das unklare Urteil des Einzelnen nach einer bestimmten Richtung festigt. [...] Jede Partei muss einseitig sein und kurzlebig im Vergleich zur Universalität und Dauer des Staates. Es ist eine Schrulle, wenn man Parteien konstruieren will, die durch die ganze Weltgeschichte dauern. Das schönste Schicksal für eine Partei ist doch unterzugehen, nachdem sie ihre Ziele erreicht hat. Umgekehrt der schimpflichste Tod für eine Partei ist der, wenn sie stirbt, weil die Tatsachen der Geschichte den Unsinn ihrer Bestrebungen offen gezeigt haben.“[25]

Bismarck regiert mit Zuckerbrot und Peitsche. Die zeitgenössische Karikatur spiegelt sowohl Bismarcks Staatsauffassung als auch seine „Schaukelpolitik“.

25 Fenske, Hans (Hrsg.): Im Bismarckschen Reich, a. a. O., S. 130 f.

Der „Kulturkampf“

Die erste innenpolitische Auseinandersetzung brach Bismarck unmittelbar nach der Reichsgründung vom Zaun. Sein Gegner war das katholische **Zentrum**. Die tieferen Gründe für die Kontroverse liegen in der oben skizzierten Staatsauffassung des Kanzlers und spiegeln sich deutlich in folgender Äußerung wider: „Ich bin in konfessioneller Beziehung“, so Bismarck, „jederzeit tolerant gewesen bis zu den Grenzen, welche die Notwendigkeit des Zusammenlebens verschiedener Bekenntnisse in demselben staatlichen Organismus den Ansprüchen eines jeden Sonderglaubens zieht. Die therapeutische Behandlung der katholischen Kirche in einem weltlichen Staate ist aber dadurch erschwert, dass die katholische Geistlichkeit […] über das kirchliche Gebiet hinaus den Anspruch auf Beteiligung an weltlicher Herrschaft zu erheben hat, unter kirchlichen Formen eine politische Institution ist […] und […] überall, wo sie nicht herrscht, berechtigt ist, über diokletianische Verfolgung zu klagen.“[26]

Die Gründung des Deutschen Reiches unter Ausschluss Österreichs verminderte den katholischen Bevölkerungsanteil im deutschen Nationalstaat erheblich. Als Partei der katholischen Minderheit im Reich wurde 1871 von **Ludwig Windthorst** und dem Mainzer Bischof **Emmanuel von Ketteler** das **Zentrum** gegründet, das aus der ersten Reichstagswahl mit 18,6 % der Stimmen hinter den Nationalliberalen als zweitstärkste Partei hervorging. Das Zentrum war eine Schichten- und Ländergrenzen übergreifende Partei. Bismarck sah in ihr ein Sammelbecken der Unzufriedenen im vom protestantischen Preußen geprägten Reich und eine Gefahr für die seine Herrschaft tragende monarchisch-konservative Klientel. Infolgedessen erkannte er im Zentrum von Anfang an einen politischen Gegner, den es auszuschalten galt. Verbündete im Hinblick auf dieses Ziel fand Bismarck bei den Liberalen, die weniger aus politischen denn aus weltanschaulichen Gründen zu Gegnern des Zentrums wurden. Die Liberalen sahen in den Ansprüchen der katholischen Kirche einen Anschlag auf die von ihnen mit bewirkte säkulare, freiheitliche Gesellschaft, die sich im Nationalstaat politisch etabliert hatte. Dies ließ es in ihren Augen als gerechtfertigt erscheinen, in der Folgezeit gemeinsam mit der Regierung für Unterdrückungsgesetze gegen die katholische Kirche zu stimmen und damit traditionelle liberale Freiheitsprinzipien über Bord zu werfen.

Den konkreten Anlass für die Aufnahme des politischen Kampfes gegen das Zentrum bot die von Papst **Pius IX.** 1864 verkündete Enzyklika „Quanta cura“; in dem beigelegten *Syllabus Errorum* („Verzeichnis von Irrtümern“)

26 Bismarck, Otto von: Gedanken und Erinnerungen, a. a. O., S. 390 f.

Bismarck setzt im Schachspiel Gesetze gegen die katholische Kirche den Versuchen des Papstes entgegen, durch vorbildliche Verhaltensregeln den Einfluss des Katholizismus in Deutschland wieder zu stärken.

prangerte der Papst gesellschaftliche Fehlentwicklungen wie **Volkssouveränität**, **Glaubensfreiheit**, **Pressefreiheit** und die **Trennung von Kirche und Staat** an, die aus seiner Sicht mit der katholischen Lehre nicht in Einklang standen. Derselbe Papst erließ im Jahre 1870 das Dogma von der päpstlichen Unfehlbarkeit.

Damit stellte das Papsttum seinen Gegnern die argumentativen Waffen für die Bekämpfung des politischen Katholizismus in Deutschland zur Verfügung. Das Zentrum selbst schürte diese Empörung, indem es im Reichstag die Unterstützung Deutschlands für den Kirchenstaat forderte, der von italienischen Truppen besetzt war. Von den Liberalen und Bismarck wurde dieses Ansinnen als Beleg dafür gesehen, dass das Zentrum „ultramontanen“, außerdeutschen Interessen mehr folge als denen des deutschen Nationalstaates.

Der von dem Abgeordneten der liberalen Fortschrittspartei **Rudolf Virchow** 1873 als **„Kulturkampf“** bezeichnete politische Machtkampf der Reichsregierung gegen das katholische Zentrum begann 1871, als auf Initiative der bayerischen Regierung im Bundesrat ein Gesetz eingebracht wurde, das jeden Geistlichen mit Strafe bedrohte, der „Angelegenheiten des Staates in einer den öffentlichen Frieden gefährdenden Weise zum Gegenstand einer Verkündigung oder Erörterung“ machte. Dieses als **„Kanzelparagraph“** bezeichnete Gesetz bildete den Auftakt zu einer Serie von Maßnahmen des Staates gegen die katholische Kirche mit dem Ziel der Trennung von Kirche und Staat in allen gesellschaftlichen Bereichen. Begleitet wurden diese Maßnahmen von scharfen Auseinandersetzungen in der Presse und in den Parlamenten.

Stellvertretend dafür darf die Debatte gelten, die Bismarck und der Zentrumsführer Ludwig Windthorst zu Beginn des Jahres 1872 im preußischen Abgeordnetenhaus führten: Während Bismarck es als „eine der ungeheuerlich-

Der Karikaturist spielt auf den Sühnegang Kaiser Heinrichs IV. zu Papst Gregor VII. im Jahr 1077 nach Canossa an. Der Zentrumsführer Ludwig von Windthorst (links) – „der Abgeordnete für Meppen" – beobachtet den Büßer Bismarck, der dem Papst Abbitte leistet.

sten Erscheinungen auf politischem Gebiet" bewertete, dass sich „eine konfessionelle Fraktion in einer politischen Versammlung bildete", die er „nicht anders betrachten könne, als im Lichte einer Mobilmachung der Partei gegen den Staat", entgegnete Windthorst: „Wenn der Herr Minister-Präsident annimmt, dass jede Bekämpfung seiner Maßregeln und seiner Politik ein Kampf gegen den Staat ist, dann hat er vielleicht in diesem oder jenem Punkt recht, aber […] ich bin zu frei, anzunehmen, dass es noch nicht richtig ist, dass der Herr Minister-Präsident der Staat sei. Ich kann ein eifriger Anhänger des Staats und des Vaterlandes sein, und doch mich in meinem innersten Gewissen genötigt finden, viele Maßregeln zu bekämpfen, und zwar energisch zu bekämpfen, welche der Herr Minister-Präsident einzuleiten für gut findet."[27]

In der Folgezeit fand der „Kulturkampf" weitgehend in Preußen statt. Auf Initiative des preußischen Kultusministers **Adalbert von Falk** wurde 1872 ein neues **Schulaufsichtsgesetz** beschlossen. Zwar konnten Geistliche nach wie vor Aufsichtsfunktionen wahrnehmen und Unterricht erteilen, doch wurden sie jetzt von staatlichen Beamten kontrolliert und konnten abgesetzt werden. Im gleichen Jahr wurde der **Jesuitenorden**, der als Kampforganisation päpstlicher Interessen angesehen wurde, in ganz Deutschland verboten. 1873 sorgten die sogenannten **Maigesetze** für weiteren innenpolitischen Zündstoff: Die Ausbildung der Geistlichen wurde der staatlichen Kontrolle unterworfen; sie mussten neben dem Theologiestudium ein „Kulturexamen" in Philosophie, Geschichte und deutscher Literatur ablegen. Die innerkirchliche Disziplinargewalt wurde beschnitten. Der Kirchenaustritt wurde erleich-

27 Zit. n. Ritter, Gerhard A. (Hrsg.): Das Deutsche Kaiserreich. Ein historisches Lesebuch. Darmstadt [4]1981, S. 197 f.

tert; hierfür genügte von nun an eine einfache Erklärung vor einem staatlichen Richter. Die Angehörigen der Amtskirche sowie viele Gläubige beugten sich trotz empfindlicher staatlicher Repressalien wie Geldstrafen, Verhaftungen oder Amtsenthebungen nicht und ließen sich genauso wenig durch weitere Zwangsmaßnahmen einschüchtern. Ein 1874 verabschiedetes Gesetz ermöglichte die Ausweisung bzw. Ausbürgerung von Geistlichen, die ihr Amt ohne Zustimmung der staatlichen Behörden ausübten **(„Expatriierungsgesetz")**. Im gleichen Jahr wurde zunächst in Preußen, 1875 dann auch auf Reichsebene, die **Zivilehe** eingeführt; staatliche Standesämter wurden errichtet. Das **„Brotkorbgesetz"** bestimmte die Einstellung staatlicher Zahlungen an die Kirche für den Fall, dass Geistliche die „Maigesetze" missachteten.

Diese breite Palette staatlicher Unterdrückungsmaßnahmen untergrub den Einfluss der Kirche bei den katholischen Gläubigen nicht, sondern führte zu einem Solidarisierungseffekt: Verfolgten Geistlichen wurde Unterschlupf gewährt, enteignetes Kircheneigentum wurde zurückersteigert, bei offiziellen Staatsanlässen verhielt man sich passiv und zeigte so seine Distanz gegenüber dem Staat. Auch der Zentrumspartei kam dieser kollektive Protest zugute: Bei den Reichstagswahlen 1874 verdoppelte sich die Zahl der Zentrumsmandate, 1890 war das Zentrum stärkste Fraktion im Reichstag.

Bismarck musste erkennen, dass die Politik der Ausgrenzung und Verfolgung von politischen Gegnern in Bezug auf den politischen Katholizismus erfolglos verlaufen war. Gleichzeitig versuchte er sich Mitte der 1870er-Jahre aus mehreren Gründen aus der Allianz mit den Nationalliberalen zu lösen. Der kompromissbereite Nachfolger Pius' IX., **Papst Leo XIII.**, erklärte seine Bereitschaft zum Einlenken gegenüber dem Reich und stellte die Zurückhaltung der Kirche bezüglich politischer Stellungnahmen in Aussicht. Damit sah Bismarck die Möglichkeit zu einer Verständigung mit dem Zentrum gekommen, denn er benötigte dessen Unterstützung für die ab **1878** beginnende **antiliberale Phase** seiner Innenpolitik. In den folgenden Jahren wurden die meisten der „Kampfgesetze" aufgehoben; das Verbot des Jesuitenordens, die Zivilehe, die staatliche Schulaufsicht und der „Kanzelparagraph" blieben jedoch bestehen.

Die liberale Ära

Die liberalen Parteien konnten die erfolgte Gründung des Deutschen Kaiserreiches als Träger der Nationalbewegung, als Initiatoren konstitutioneller Forderungen und als engagierte Verfechter wirtschaftlicher Freiräume auch als ihren Erfolg verbuchen. Insbesondere die **Nationalliberale Partei**, seit 1867 an Bismarcks Seite um die nationalstaatliche Einheit ringend, profitierte politisch von der nationalen und wirtschaftlichen Aufbruchstimmung zu Beginn der 1870er-Jahre. So erzielte sie bei der ersten Reichstagswahl 1871 mit 30 % der abgegebenen Stimmen das beste Ergebnis, weit vor der liberalen **Deutschen Fortschrittspartei**, welche die Allianz mit Bismarck verweigert hatte und mit 8,8 % der Stimmen abgeschlagen endete.

Das Verhältnis zwischen Bismarck und den Liberalen war bis 1879 geprägt von **Zusammenarbeit und Konfrontation**. Zur Durchführung von Gesetzgebungsvorhaben war der Reichskanzler auf die von Nationalliberalen, anderen liberalen Gruppierungen und Freikonservativen gebildete Reichstagsmehrheit angewiesen. Diesen standen Zentrum, Konservative, Sozialdemokraten und nationale Minderheiten (Polen, Dänen, Elsass-Lothringer) gegenüber.

Positiv auf die Kooperation zwischen Bismarck und den Liberalen wirkte sich die Phase anhaltender **Hochkonjunktur** in Landwirtschaft und Industrie zu Beginn der 1870er-Jahre aus. Vor allem Schwer-, Textil- und Konsumgüterindustrie und die Produktion in landwirtschaftlichen Großbetrieben verzeichneten Jahr für Jahr bedeutende Zuwachsraten. Der konjunkturelle Aufschwung verstärkte sich nach Beendigung des Deutsch-Französischen Krieges nochmals, woran die fünf Milliarden Goldfranken Entschädigung, die Frankreich als Reparationsverpflichtung im Frieden von Frankfurt 1871 oktroyiert wurden, einen wesentlichen Anteil hatten. So bildeten die Reichseinigung und der damit einhergehende Wirtschaftsboom das Fundament für die Zusammenarbeit zwischen dem Staat und den liberalen Kräften.

Die Industrialisierung entwickelte sich in Deutschland am stärksten im Ruhrgebiet, da dort sehr große Kohlevorkommen existierten.
In Essen baute die Familie Krupp innerhalb weniger Jahrzehnte ein Großunternehmen der Schwerindustrie auf. Arbeiteten zu Beginn des Jahrhunderts zehn Arbeiter bei Krupp, gehörten 1873 bereits 7 000 Menschen zum Unternehmen.
Um 1900 wohnten fast 300 000 Menschen am Standort der Firma.

Infolgedessen war es nicht verwunderlich, dass zunächst wirtschaftliche, rechtliche und institutionelle **Reformvorhaben** unter der Federführung liberaler Politiker durchgeführt wurden, die dazu dienen sollten, einheitliche Rahmenbedingungen für das gesamte Kaiserreich zu schaffen. Dabei sind vor allem **Rudolf von Bennigsen**, der Führer der Nationalliberalen Partei, **Rudolf Delbrück** als Präsident des Reichskanzleramtes und der preußische Finanzminister **Otto Camphausen** zu nennen.

So wurde beispielsweise die **Gewerbefreiheit** auf das ganze Reich ausgedehnt und Freizügigkeit gewährleistet. Sukzessive erweiterte man den Schutz der Gewerbetreibenden durch ein Marken- und Urheberschutzgesetz; 1877 wurde ein einheitliches Patentrecht geschaffen. Die staatliche Genehmigungspflicht für Aktiengesellschaften wurde aufgehoben. Gewichte, Münzen und Maße, wurden vereinheitlicht. Dem Engagement des nationalliberalen Abgeordneten **Ludwig Bamberger** war es zu verdanken, dass die **Mark** als deutsche Währungseinheit eingeführt und 1875 die **Reichsbank** als nationale Zentralbank gegründet wurden. Die **Außenzölle** wurden fast völlig abgebaut. Man beschloss ferner, die **verkehrsmäßige Erschließung** des Reiches durch den Eisenbahnbau mit staatlichen Mitteln zu fördern. Diese und andere Maßnahmen unterstützten das Zusammenwachsen des neuen Nationalstaates auf wirtschaftlichem und wirtschaftsrechtlichem Gebiet auf der Basis des Freihandels als liberaler wirtschaftspolitischer Maxime.

Weitere tief greifende Reformen betrafen das **Rechtswesen**, in dem von der Regierung vertretene obrigkeitsstaatliche Vorstellungen auf liberale Reformgedanken prallten. In vielen Fällen wurde aber durch Kompromisse eine Einigung gefunden. So konnten 1871 das **Strafgesetzbuch** und 1877 die **Strafprozessordnung** für das Deutsche Reich in Kraft treten. Die Vereinheitlichung des Zivilrechts ließ bis zur Verabschiedung des Bürgerlichen Gesetzbuches im Jahre 1900 auf sich warten.

Konflikthaft verliefen auch die Beratungen über ein **Reichspressegesetz** (1874/75). Während die Liberalen vollständige Pressefreiheit forderten, liebäugelte die Regierung mit der Beibehaltung restriktiver Bestimmungen aus der Restaurationszeit, so z. B. mit dem Recht auf Beschlagnahmung von Veröffentlichungen, die als staatsgefährdend betrachtete Äußerungen enthielten, und dem Recht auf Inhaftierung der dafür verantwortlichen Verfasser und Verleger. Der nach zähem Ringen gefundene Kompromiss sah unter anderem die Möglichkeit der Zensur bei Aufforderung zum Hochverrat, Majestätsbeleidigung und „Anreizung zum Klassenkampf“ vor. Vor allem die fortschrittlichen Liberalen betrachteten dieses Gesetz mit großer Skepsis, widersprach die Einschränkung der Pressefreiheit doch ureigensten liberalen Prinzipien. Für Bismarck jedoch eröffnete vor allem der letzte Passus die Möglichkeit, gegen die erstarkende Vertreterin der Arbeiterschaft, die Sozialdemokratie, vorzugehen.

Der seit Bismarcks Berufung zum preußischen Ministerpräsidenten zu Beginn der 1860er-Jahre schwelende **Heereskonflikt**, 1867 durch die ihm zugebilligte Indemnität (vgl. S. 20) provisorisch beendet, wirkte auch nach der Reichsgründung weiter. Die Integration und Ausrüstung von Truppen aus den anderen deutschen Staaten sowie die dadurch bedingte Neuorganisation des **Militärwesens** erforderten größere finanzielle Mittel und führten zu der Forderung Bismarcks nach einem Äternat, d. h. nach einer Vergrößerung des Heeres auf unbestimmte Zeit. Die Nationalliberalen sträubten sich energisch gegen die damit verbundene Umgehung des parlamentarischen Budgetrechts – verständlich, wenn man bedenkt, dass mehr als drei Viertel der Reichsausgaben dem Militär zuflossen. Der Reichskanzler reagierte auf den Widerstand mit den ihm vertrauten Mitteln: Androhung der Auflösung des Reichstags, Rücktritt und Entfachung einer Pressekampagne gegen die Liberalen mit dem Vorwurf, das Reich militärisch schwächen zu wollen. Der Erfolg gab ihm Recht: Die Liberalen bewilligten 1874 den Heeresetat für die neue Truppenstärke auf sieben Jahre (Septennat) und übten damit zwar das parlamentarische Budgetbewilligungsrecht aus, verzichteten aber zugleich für die kommenden sieben Jahre darauf.

Weitgehende Uneinigkeit zwischen Regierung und Liberalen bestand bei der Organisation der **Reichsfinanzen**. Immerhin gelang es den Liberalen im Zuge ihrer Versuche, das Reich konstitutionell zu prägen und damit die Rechte des Reichstags zu stärken und das Zustandekommen eines Reichshaushaltsgesetzes zu erwirken. Dadurch wurde das Reichsbudget der parlamentarischen Kontrolle unterworfen.

Der Wechsel Bismarcks von der **Freihandels-** zur **Schutzzollpolitik** in den Jahren 1878/79, bedingt durch die Wirtschaftskrise und den Druck der Schwerindustriellen und Großagrarier, stieß auf entschiedenen Widerstand vor allem bei der Fortschrittspartei. Die Liberalen opponierten ebenfalls gegen die von Bismarck beabsichtigte Steuerreform, die neben vermehrten Zolleinnahmen auch staatliche Wirtschaftsmonopole ermöglichen und damit das Reich aus der finanziellen Abhängigkeit von den Ländern lösen sollte. Beide Maßnahmen verstießen fundamental gegen die Wirtschaftsprinzipien der Liberalen und leiteten das Ende ihrer politischen Zusammenarbeit mit Bismarck ein. Begleitet wurde dieses Ende vom Protest der Liberalen gegen das vom Reichskanzler beabsichtigte Ausnahmegesetz gegen die Sozialdemokraten, durch die wieder gefestigte Verbindung Bismarcks mit den Konservativen sowie durch den beginnenden Ausgleich mit dem Zentrum. Allerdings hatte der Reichskanzler bezüglich der Billigung der Steuer-, Finanz- und Wirtschaftspolitik des Reiches auch in den 1880er-Jahren immer wieder Schwierigkeiten mit unterschiedlichen Parteien und Interessengruppen.

Der neue „Staatsfeind“: Die Sozialdemokratie

„Es gehörte zu seiner (Bismarcks) Herrschaftstechnik der ‚negativen Integration‘, innenpolitische Konflikte anzuheizen, Minderheiten als Reichsfeinde zu stigmatisieren, um auf diese Weise die Mehrheit zu sammeln und auf sein Ziel der konservativen Stabilisierung zu verpflichten.“[28]

Die Sozialdemokraten, in der Reichsgründungszeit eine eher schwache politische Kraft, waren in den Augen Bismarcks von Beginn an erklärte **Reichsfeinde**. Eine Auffassung, bei der er sich der Zustimmung des national gesinnten Bürgertums und der konservativen Eliten aus Landadel, Militär, Bürokratie und auch des von ihm zunächst bekämpften Klerus sicher sein konnte. Reichsfeinde waren sie für Bismarck deshalb, weil er sie als Feindbilder missbrauchte, um den Zusammenhalt der konservativ-monarchischen Kräfte auf Reichsebene zu stärken.

„Die neuere sozialistische Doktrin“, so Bismarck 1871 in einem Brief an den preußischen Handelsminister Itzenplitz, „insoweit sie namentlich mit der so genannten **Internationalen** in Verbindung steht, rechnet überhaupt mit den jetzigen Staaten weder in ihrer nationalen, noch in ihrer prinzipiellen Bedeutung. Sie weist deshalb auch jede Unterstützung und Kooperation der bestehenden Regierungen prinzipiell zurück und stellt an die Spitze ihres Programms die Forderung der Umformung der bestehenden Staaten in den sozialistischen Volksstaat. Die Einmischung der bestehenden Staaten in die sozialistische Bewegung [...] erscheint mir als das einzige Mittel, der sozialistischen Bewegung in ihrer gegenwärtigen Verirrung Halt zu gebieten und dieselbe insbesondere dadurch in heilsamere Wege zu leiten, dass man realisiert, was in den sozialistischen Forderungen als berechtigt erscheint und in dem Rahmen der gegenwärtigen Staats- und Gesellschaftsordnung verwirklicht werden kann.“[29]

In diesem Briefausschnitt sind die beiden Vorgehensweisen Bismarcks gegenüber der sozialdemokratischen Bewegung ausgedrückt: Einerseits ihre politische Bekämpfung und andererseits die Lösung sozialer Probleme durch den Staat mit dem Hintergedanken, der Sozialdemokratie dadurch ihre Anhänger abspenstig zu machen.

28 Ullrich, a. a. O., S. 64
29 Stürmer, Michael (Hrsg.): Bismarck und die preußisch-deutsche Politik 1871–1890. München [3]1978, S. 46

In der Reichsgründungsphase opponierten die Sozialdemokraten gegen die Annexion Elsass-Lothringens und sympathisierten mit der neuen französischen Republik sowie der Pariser Kommune. Dadurch schürten sie die Angst der bürgerlichen und konservativen Kräfte vor einem revolutionären Schub, ausgehend vom „Vierten Stand", dem Proletariat. Dabei war ihre Bedeutung, gemessen an ihrer Vorgeschichte und dem bescheidenen Abschneiden bei der ersten Reichstagswahl, vor dem Hintergrund der nationalen Euphorie und des wirtschaftlichen Aufschwungs eher als gering zu bezeichnen. Dennoch stellten die Forderungen der Sozialdemokraten nach einem allgemeinen und direkten Wahlrecht, sozialer Gleichberechtigung, verbesserten Lebensbedingungen und Mitspracherechten der Arbeiter sowie einem internationalen Zusammenschluss aus der Sicht Bismarcks eine nicht zu unterschätzende Bedrohung des monarchischen Staates dar. Deshalb waren die Sozialdemokraten, insbesondere der von **Ferdinand Lassalle** 1863 geschaffene **Allgemeine deutsche Arbeiterverein** und die von **August Bebel** und **Wilhelm Liebknecht** 1869 gegründete **Sozialdemokratische Arbeiterpartei Deutschlands** für ihn Reichsfeinde.

Der Zusammenschluss beider Gruppierungen zur **Sozialistischen Arbeiterpartei Deutschlands** 1875 verstärkte die Kampfbereitschaft Bismarcks. Bereits das Reichspressegesetz (vgl. S. 56) eröffnete ihm die Möglichkeit, gegen sozialdemokratische Publikationen vorzugehen. Aber erst zwei erfolglose Attentate gegen Kaiser Wilhelm I. im Jahre 1878, die man bewusst den Sozialdemokraten unterschob, ermöglichten Bismarck zusammen mit den Konservativen, den Nationalliberalen und dem Zentrum die gewünschte Mehrheit im Reichstag für ein **Gesetz gegen die gemeingefährlichen Bestrebungen der Sozialdemokratie**. Dieses Sondergesetz, das 1878 in Kraft trat und dessen Gültigkeit bis 1890 mehrmals verlängert wurde, verstieß, wie die Kirchengesetze auch, gegen den Grundsatz der Rechtsgleichheit. Es verbat alle Vereine, Versammlungen und Druckschriften, „welche durch sozialdemokratische, sozialistische oder kommunistische Bestrebungen den Umsturz der bestehenden Staats- oder Gesell-

Bismarck verkündet das Sozialistengesetz.

schaftsordnung bezwecken".[30] Aufgrund dieses Gesetzes konnten Anhänger der Sozialdemokratie verhaftet, verurteilt und ausgewiesen, Versammlungen aufgelöst, Vereine, Verbände sowie Parteipublikationen verboten werden. Allerdings wurde die Partei selbst nicht verboten, sodass sie weiter an Wahlen beteiligt blieb und ihre Abgeordneten in den Parlamenten vertreten waren.

Die aufgrund dieses Gesetzes von Seiten des Staates entfachte Hetzjagd gegen vermeintlich staatsgefährdende „vaterlandslose" Sozialdemokraten brachte nicht den von Bismarck gewünschten Erfolg. Nach einer kurzen Phase der Desorientierung formierte sich ein entschlossener Widerstand der Anhänger der Sozialdemokratie. Bereits im Herbst 1879 erschien in Zürich die erste Ausgabe der Zeitschrift „Sozialdemokrat", die über ein ausgeklügeltes Vertriebssystem in die Hände der deutschen Sozialdemokraten gelangte und – wohl als Reaktion auf die Unterdrückungsmaßnahmen im Reich – erstmals wirklich radikal-marxistische Äußerungen enthielt. Ein Jahr später hielt die Partei in der Schweiz ihren ersten Kongress ab. Bewertet man den Erfolg ihrer zwölfjährigen Untergrundarbeit – bis zur Aufhebung des „Sozialistengesetzes" im Jahre 1890 – anhand der zahlenmäßigen Entwicklung ihrer Wählerschaft, so ist festzustellen, dass sich diese im genannten Zeitraum von 7,5 % auf 19,7 % erhöhte. Dieser Zuwachs zeigt einen Trend, der sich nach Bismarcks Entlassung weiter fortsetzte: 1912 waren die Sozialdemokraten mit 34,8 % der Stimmen und 110 Reichstagsmandaten stärkste Fraktion im Reichstag.

Warum dies so war, davon legt beispielsweise der Augenzeugenbericht des ehemaligen preußischen Handelsministers von Berlepsch Zeugnis ab, der die Verhältnisse in Düsseldorf in den 1880er-Jahren wie folgt beschreibt:

„Wer [...] Gelegenheit hatte, die Wirkung des Sozialistengesetzes an Ort und Stelle, in den industriellen Zentren [...] zu beobachten, [...] fand, wie schwer die Unterdrückungen, insbesondere die Ausweisungen auf die Stimmung der Arbeiter, auf ihre Anschauungen von der Gerechtigkeit, von der Fürsorge des Staates für die Schwachen wirkten, wie die verpönten Lehren, statt in der Öffentlichkeit, heimlich verbreitet wurden von Mund zu Mund, von Werkstatt zu Werkstatt, im Wirtshaus und am heimischen Herd. Er fand, dass die Mittel der Gewalt völlig fehlschlugen, dass sie zwar äußerliche Symptome treffen, nicht aber die Gesinnung ausrotten konnten [...]. Erreicht war schließlich nur eine hundertfach gesteigerte Erbitterung der Arbeiterkreise [...] und die hundertfach gefestigte Überzeugung von der Verwerflichkeit und Unhaltbarkeit der bestehenden staatlichen und gesellschaftlichen Zustände."[31]

30 Zit. n. Ritter, a. a. O., S. 232
31 Zit. n. Ritter, a. a. O., S. 242 f.

Bismarcks Sozialpolitik

Bismarck verkannte die prekäre Lage der Industriearbeiterschaft keineswegs, war aber bestrebt, sie von der sozialdemokratischen Bewegung abzutrennen. Beide Motive wirkten zusammen, als er zu Beginn der 1880er-Jahre sozialpolitische Reformen auf den Weg brachte. Kaiser Wilhelm I. brachte diese beiden Ziele auf einen gemeinsamen Nenner, indem er in der ersten „Kaiserlichen Botschaft“ zur **sozialen Frage** zum Ausdruck brachte, „dass die Heilung der sozialen Schäden nicht ausschließlich im Wege der Repression sozialdemokratischer Ausschreitungen, sondern gleichmäßig auf dem der positiven Förderung des Wohles der Arbeiter zu suchen sein werde“.[32]

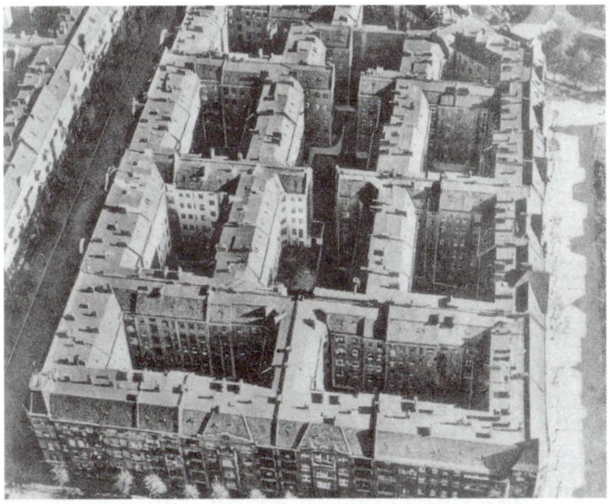

Berliner Mietskasernen waren berüchtigt: Da die Höfe sehr schmal waren, fiel kaum Tageslicht in die Wohnungen. Sickergruben und Straßenrinnen verbreiteten schlechte Gerüche und waren Ansteckungsherde für Epidemien. Für viele Menschen war Armut der Preis des Fortschritts. Arbeiterfamilien hausten oft in Kellern unter extrem unhygienischen Bedingungen.

32 Huber, Ernst R. (Hrsg.): Dokumente zur deutschen Verfassungsgeschichte. Bd. 2, Stuttgart 1964, S. 398

Von langwierigen Verhandlungen und zähen Interessenkonflikten verzögert, wurden in den Jahren 1883 bis 1889 immerhin drei zukunftsweisende Sozialgesetze beschlossen. Den Anfang machte 1883 das Gesetz über die **Krankenversicherung**, in dem festgelegt wurde, dass die neu zu gründenden Ortskrankenkassen für einen bestimmten Zeitraum (erst 13, später 26 Wochen) Beihilfen für erkrankte Arbeiter zu zahlen sowie die Kosten für Medikamente und ärztliche Behandlung zu tragen hatten. Die Beiträge für die Ortskrankenkassen zahlten zu zwei Dritteln die Arbeiter, zu einem Drittel die Unternehmer.

Das **Unfallversicherungsgesetz** von 1884 sicherte den Arbeitern finanzielle Unterstützung nach erlittenen Arbeitsunfällen zu; bei dauernder Invalidität wurden zwei Drittel des Lohnes fortgezahlt, im Todesfall erhielt die Witwe 60 %. Die Versicherungsbeiträge wurden ausschließlich von den Arbeitgebern getragen. Allerdings war der Unternehmer nach wie vor nicht verpflichtet, präventiv für die Sicherheit am Arbeitsplatz zu sorgen.

Den Abschluss der Sozialgesetze bildete 1889 die **Alters- und Invalidenversicherung**, finanziert durch Beiträge von Arbeitern, Unternehmern und Zuschüssen des Staates, die Arbeitern mit einem nur geringen Lohn ab dem 70. Lebensjahr einen Rentenanspruch gewährte.

Zweifellos leisteten die Sozialgesetze, die in Europa ohne Beispiel waren, einen erheblichen Beitrag zur sozialen Absicherung der Arbeitnehmer, wenngleich nicht übersehen werden darf, dass die Gestaltung der Arbeitsbedingungen – wie Arbeitszeit und Arbeitslohn – alleinige Angelegenheit des Unternehmers war und blieb. Bismarcks politisches Kalkül, die Sozialgesetzgebung als Hebel zur Sprengung der sozialdemokratischen Bewegung einsetzen zu können, ging während seiner Kanzlerschaft und auch in der Folgezeit nicht auf.

Gewerkschaften und Genossenschaften

Die Entstehung von gewerkschaftsähnlichen Vereinen zur Unterstützung und Interessenvertretung vor allem der Arbeiter steht im unmittelbaren Zusammenhang mit der Industrialisierung und den durch diese veränderten Lebens- und Arbeitsbedingungen. Staatlicherseits wurde die Formierung von Gewerkschaften über die Vereinsgesetzgebung durch das Verbot von Koalitionen und Streiks massiv behindert. 1854 verbot ein Bundesgesetz bereits bestehende Arbeitervereine. Trotzdem waren in den 1850er- und 1860er-Jahren kleinere örtliche Streiks keine Seltenheit. Ab Mitte der 1860er-Jahre bildeten sich verschiedene gewerkschaftsähnliche Arbeitervereine bzw. -verbände, so 1865 der „Allgemeine Deutsche Zigarren-Arbeiterverein“, ein Jahr später der „Deutsche

Buchdruckerverband". Zahlreiche weitere Vereins- und Verbandsgründungen folgten, auch liberaler Prägung wie die „Hirsch-Dunckerschen-Gewerkvereine" 1868. In der Anfangszeit waren die Gewerkschaften Zusammenschlüsse jeweils einzelner Berufe, die sich um die Arbeitsbedingungen ihrer Mitglieder kümmerten und durch Unterstützungsleistungen materielle und soziale Not abzumildern versuchten. Die Gründung christlich orientierter Gewerkschaften fiel erst in die Zeit nach Bismarcks Entlassung.

Bismarck hat als preußischer Ministerpräsident 1869 das Zustandekommen eines Gewerbegesetzes unterstützt, das die Koalitionsfreiheit im Bereich des Norddeutschen Bundes einführte. Er hoffte fälschlicherweise, dadurch die Arbeiter von den beiden kurz vorher gegründeten sozialistischen Gewerkschaften, dem „Allgemeinen Deutschen Arbeiterschaftsverband" und den „Internationalen Gewerksgenossenschaften" abzuspalten. Das gelang zu dieser Zeit genauso wenig wie nach der Durchsetzung des „Sozialistengesetzes".

Die vorwiegend aus Arbeitervertretern bestehenden „Freien Gewerkschaften" breiteten sich in den 1870er-Jahren mit unterschiedlicher Intensität über das ganze Reich aus. Ihre Mitgliederzahl stieg stetig, ihr Wirken wurde durch das „Sozialistengesetz", das ja auch die Betätigung in „sozialistischen" Vereinen untersagte, nur kurzzeitig unterbrochen. Bereits ab 1881 schlossen sich Gewerkschafter wieder in zentralen und lokalen Hilfsvereinen zusammen, die Streiks organisierten. Dies führte dazu, dass der Staat mit Straferlassen gegen illegale Gewerkschaften vorging, ihre Wirksamkeit aber nie vollständig beseitigen konnte. Im Anschluss an die Nichtverlängerung des „Sozialistengesetzes" nach Bismarcks Rücktritt 1890 setzte eine große Welle von Gewerkschaftsgründungen ein, die sich zunehmend als Machtfaktor in einer von unterschiedlichen wirtschaftlichen und sozialen Interessen geleiteten, sich entwickelnden Industriegesellschaft etablierten.

Innenpolitische Konflikte 1879–1890

Die Innenpolitik Bismarcks in den 1880er-Jahren hat man nicht zu Unrecht als „Das System der Aushilfen"[33] bezeichnet und damit das Fehlen eines klaren Konzepts und dauerhafter Erfolge beschreiben wollen.

Zwar schien die Durchsetzung des „Sozialistengesetzes" und der Schutzzollvorlage sowie die Reform der Reichsfinanzen Bismarcks Ziel einer Konsolidierung der Machtverhältnisse im Reich zu seinen Gunsten und auf Kosten der Parteien zu bestätigen. Außerdem wurde zu Beginn der 1880er-Jahre das

33 Gall, Lothar: Bismarck. Der weiße Revolutionär. Frankfurt/Main, Berlin, Wien 1983, S. 642 ff.

„Sozialistengesetz" verlängert und ein weiteres Septennat für den Heeresetat bewilligt. Aber dennoch gelang es Bismarck in der Folgezeit nie, den Einfluss des Reichstags wirkungsvoll zurückzudrängen und sich ganz aus der Abhängigkeit von den in ihm vertretenen Parteien zu lösen. Vor allem steuer-, finanz- und militärpolitische Vorhaben des Kanzlers stießen vermehrt auf Widerstand unterschiedlicher politischer Gruppierungen, wobei sich das Parteienfeld durch erneute Spaltungen im liberalen Bereich noch mehr auffächerte.

Auch die Verhandlungen über die oben erwähnten Sozialgesetze waren von ständigen Auseinandersetzungen um Detailregelungen begleitet. Bismarcks sture Versuche durch Wahlrechts- bzw. Verfassungsänderungen konservative Mehrheiten zu erwirken, liefen ins Leere. Mehrfach erwog der Reichskanzler sogar den Gedanken eines Staatsstreichs, also die Auflösung und anschließende Neugründung des Reiches durch die Fürsten, dem das bisherige Reichstagswahlrecht zum Opfer fallen sollte.

1887 gelang es Bismarck durch Auflösung und Neuwahl des Reichstags eine von Konservativen, Freikonservativen und Nationalliberalen getragene regierungstreue Mehrheit vor allem für seine Militärpolitik zu gewinnen. Dieses neue „Kartell" empfand sich als konservativ, bürgerlich, national und bekämpfte die innenpolitischen Gegner als nicht national und reichsfeindlich. Auch hier hatte Bismarcks Stigmatisierungspolitik gegenüber Zentrum und Sozialdemokraten, aber auch gegenüber den Linksliberalen, erst spät Früchte getragen.

Karikatur von Wilhelm Scholz, Wie man ein Hindernis wegschafft für eine große liberale Partei (1880): „Erst spalten, dann verkleinern und die Wurzeln ausgraben."

Die wirtschaftliche Entwicklung im Kaiserreich

Chronologie	
1871–1873	Gründerjahre
Oktober 1873	Beginn der Gründerkrise: Zusammenbruch von Banken, Aktiengesellschaften, Spekulationsunternehmen
1876	„Centralverband Deutscher Industrieller“, „Vereinigung der Steuer- und Wirtschaftsreformer“: Stärkung der deutschen Wirtschaft zum Schutz vor ausländischer Konkurrenz
1878/79	Wechsel vom Freihandel zur Schutzzollpolitik

Gründerjahre

„Im Gründerrausch zur wirtschaftlichen Großmacht“[34], so ist die wirtschaftliche Situation Deutschlands in der Reichsgründungszeit bezeichnet worden. Die Hochkonjunktur der sogenannten **Gründerjahre** (1871–1873) begann 1867, also nach der Auflösung des Deutschen Bundes. Sie stagnierte in der Kriegszeit 1870/71 und verstärkte sich nach der Niederlage Frankreichs erheblich. Ursachen dafür waren neben der Euphorie über Sieg und Reichsgründung sowie der Schaffung gesamtstaatlicher Rahmenbedingungen (vgl. S. 39 f.) französische Reparationszahlungen, die in einer Gesamthöhe von fünf Milliarden Goldfranken bis 1873 dem deutschen Kapitalmarkt zuflossen. Investitionen in die **Montanindustrie**, den **Eisenbahnbau**, die **Rüstungsindustrie** und das **Baugewerbe** trugen regional in unterschiedlicher Weise (Ruhrgebiet, Saarrevier, Oberschlesien und Sachsen) wesentlich zum wirtschaftlichen Aufschwung bei. Auch in der **Landwirtschaft** führte die Beseitigung rechtlicher Hemmnisse – ein Prozess, der sich seit Beginn des 19. Jahrhunderts mit regional unterschiedlicher Intensität entwickelte – zur Rationalisierung, Konzentration und – verbunden mit der Maschinisierung – zu Produktionssteigerungen. Die weltweit steigenden Agrarpreise und die liberale Freihandelspolitik kamen in den Gründerjahren vor allem auch der deutschen Landwirtschaft zugute. Gleichzeitig stieg die Nachfrage nach Konsumgütern nicht zuletzt aufgrund des **Bevölkerungszuwachses**, was zunächst die Produktion erhöhte,

34 Engelbert, Ernst: Bismarck. Das Reich in der Mitte Europas. München 1993, S. 64

in der Folge aber zu Preiserhöhungen führte. Die einzelstaatlichen Regierungen benutzten einen Teil der Reparationssumme auch dazu, Kriegsanleihen zurückzuzahlen.

Auf dem Kapitalmarkt, dem diese Gelder hauptsächlich zuflossen, war eine steigende Nachfrage nach gut verzinslichen Wertpapieren zu verzeichnen, was allerdings die Aktienkurse in die Höhe trieb und die Spekulationsbereitschaft förderte. Verstärkt wurde dies dadurch, dass im Zuge der liberalen Wirtschaftspolitik die Konzessionspflicht für Aktiengesellschaften aufgehoben und damit die massenhafte Gründung neuer **Aktiengesellschaften** ermöglicht wurde, die sich nicht alle durch Seriosität auszeichneten. Waren vorher Aktiengesellschaften lediglich im Bereich der Montanindustrie, des Eisenbahnbaus und des Versicherungswesens üblich, breiteten sie sich nun auf den gesamten Bereich der Industrie und der Banken aus. Letztere traten zunehmend als Kreditgeber für neu gegründete Unternehmen auf. Daher erhöhte sich in der Zeit der Gründerjahre die Industrieproduktion um ein Drittel, die Produktion von Roheisen und Stahl um 40 bzw. 80 %. Ähnliches galt für die Steinkohleproduktion, den Maschinenbau und die Textilindustrie. Die Konsumgüterindustrie verzeichnete geringere Zuwachsraten.

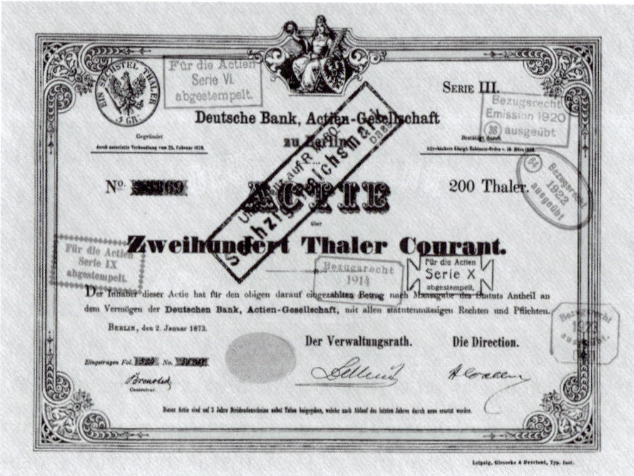

Aktiengesellschaften – in der Euphorie der Reichsgründung zahlreich ins Leben gerufen – trugen durch ihr Kapital zu Investitionen bei, die zu Überproduktionen bei sinkender Nachfrage führten und die Hoffnung auf schnelle Gewinne bei den Aktionären schnell enttäuschten.

Gründerkrise

Hinter der Fassade der glitzernden Geldwelt spielten sich aber auch negative – damals nur als Randerscheinungen wahrgenommene – Entwicklungen ab. Als Beispiel sei der **Wohnungsbau** genannt, der gerade in den Groß- und Industriestädten bevorzugtes Objekt von Spekulationen war, welche die Mieten in die Höhe trieben und die angestammten Mieter vertrieben. In Berlin sind bereits für das Jahr 1872 gewaltsame Proteste gegen die Wohnungsnot und Industriearbeiterstreiks belegt.[35]

Die „Berliner Börsenpanik"[36], ausgelöst durch die Zahlungsunfähigkeit eines Berliner Bankhauses, leitete im Oktober 1873 einen groß angelegten Zusammenbruch von Banken, Aktiengesellschaften und Spekulationsunternehmen ein. Dieser als **„Gründerkrach"** bezeichnete Einbruch war hauptsächlich ein Börsen- und Kreditzusammenbruch. Er zeigte nach einer Phase der **überhitzten Konjunktur**, in einer Zeit des nationalen und wirtschaftlichen Überschwangs vor allem negative **psychologische Auswirkungen**, weil das naive Vertrauen in einen grenzenlosen wirtschaftlichen Aufschwung gebrochen war. Diese Folgen bekamen vor allem die **Liberalen**, deren freizügiger Wirtschaftsauffassung man das Spekulationsfieber anlastete, und die **Juden** zu spüren. Die Juden sahen sich einer vor allem von der in bürgerlichen Kreisen viel gelesenen Zeitschrift „Die Gartenlaube" betriebenen Hetze ausgesetzt, in der die Wirtschaftskrise unter anderem der Bereicherungssucht der Juden zugeschrieben und gegen den vermeintlichen Einfluss der Juden in Staat, Gesellschaft und Wirtschaft polemisiert wurde: „Nicht länger dürfen falsche Toleranz und Sentimentalität, leidige Schwäche und Furcht uns Christen abhalten, gegen die Auswüchse, Ausschreitungen und Anmaßungen der Judenschaft vorzugehen. Nicht länger dürfen wir's dulden, dass die Juden sich überall in den Vordergrund, an die Spitze drängen, überall die Führung, das große Wort an sich reißen. Sie schieben uns Christen stets bei Seite, sie drücken uns an die Wand, sie benehmen uns die Luft und den Atem."[37] Der Antisemitismus entwickelte bereits im Kaiserreich beträchtliche Wurzeln.

Dennoch scheint es zu weit gegriffen, die Zeit zwischen 1873 und 1879 als die einer „schweren Depression"[38] zu bezeichnen. Realistisch betrachtet begann jedoch eine zu erwartende Stagnationsphase nach der von 1867 bis 1873 währenden Phase der zunehmenden Hochkonjunktur. Sie betraf die Landwirtschaft, die ab 1873 unter der starken Zunahme überseeischer Getreideproduktion zu leiden begann. Diese überschwemmte den europäischen Markt mit billigen Produkten, was dazu führte, dass die Agrarier, die bis dahin vom Freihandel profitierten, immer massiver die Rückkehr zur Schutzzollpolitik forderten. Bismarck, selbst wirtschaftlich, politisch und mental in diesen Kreisen beheimatet, gab der Forderung nach, indem er 1878/79 nach der

35 Vgl. hierzu: Ullrich, a. a. O., S. 40 f.
36 Ullmann, a. a. O., S. 60
37 So der antisemitische Schriftsteller Otto Glagau im Jahre 1876. Zit. n. Fenske: Im Bismarckschen Reich, a. a. O., S. 158
38 Wehler, Hans-Ulrich: Das Deutsche Kaiserreich 1871–1918, Göttingen [5]1983, S. 42

Trennung von den Liberalen seinen wirtschaftspolitischen Kurs zugunsten der Schutzzollpolitik korrigierte.

Die Depression betraf aber auch die gewerbliche Wirtschaft, die ihre Überkapazitäten nicht mehr absetzen konnte und mit einer sinkenden Nachfrage konfrontiert wurde. Der wirtschaftliche Abschwung wirkte sich auf das Baugewerbe, den Maschinenbau und die Montan- und Konsumgüterindustrie in etwa gleich aus und währte bis 1879: Die Produktion sank zunächst etwas, stagnierte dann, die Preise fielen, demgemäß reduzierten sich die Gewinne und Löhne. Andererseits rationalisierten vorausschauende Unternehmer ihre Betriebe und versuchten, durch technische Innovationen die Produktivität zu steigern. Gleichzeitig darf nicht übersehen werden, dass die Rationalisierung einen Anstieg der Arbeitslosigkeit nach sich zog und das soziale Klima zwischen Unternehmern und Arbeitern verschlechterte.

Ab 1879 erholte sich die deutsche Wirtschaft bei zwar verlangsamtem, aber kontinuierlichem Wachstum wieder, sodass von einer lang anhaltenden wirtschaftlichen Depression in der Ära Bismarck nicht gesprochen werden kann, die den Aufstieg Deutschlands zum Industriestaat nachhaltig gebremst hätte. Vor allem neue Schlüsselindustrien, wie der Maschinen- und Motorenbau sowie die chemische Industrie, gewannen erkennbar an Bedeutung.

Übergang zur protektionistischen Wirtschaftspolitik

Die wirtschaftliche Situation im ersten Jahrzehnt des deutschen Nationalstaates zeigte auch Konsequenzen im Hinblick auf die Formierung wirtschaftlicher und sozialer Interessen, die zum Kennzeichen einer sich entwickelnden pluralistischen Industriegesellschaft wurde. Die Gründerkrise zog die Schaffung von Interessenverbänden der Eisen-, Stahl- und Textilindustrie nach sich, die von Bismarck verlangten, er solle die einheimischen Produkte durch höhere Einfuhrzölle vor der ausländischen Konkurrenz schützen. Zu diesem Zweck gründeten sie 1876 den „Centralverband Deutscher Industrieller", der in Verfolgung des oben genannten Ziels eng mit der im gleichen Jahr ins Leben gerufenen Interessenvertretung der Landwirte, nämlich der „Vereinigung der Steuer- und Wirtschaftsreformer" kooperierte. Im Gegenzug bildeten sich Vereine, Gewerkschaften, Genossenschaften und Unterstützungskassen mit unterschiedlicher politischer und/oder religiöser Ausprägung, die die sozialen, wirtschaftlichen bzw. politischen Interessen der Arbeitnehmer zu vertreten suchten.

Nach anfänglichem Widerstand der liberalen Reichsbürokratie, an der Spitze der liberale Chef des Reichskanzleramtes **Rudolf von Delbrück**, der 1876 auf Druck der beiden Spitzenverbände zurücktreten musste, schwenkte die Regierung auf den wirtschaftlichen Kurs der beiden Verbände ein. Gleichzeitig gelang es den Verbänden, mit der Forderung nach Schutz der nationalen Arbeit in Industrie, Handwerk und Landwirtschaft die Mehrheitsverhältnisse im Reichstag zugunsten eines wirtschaftspolitischen Kurswechsels zu verändern. 1879 wurde ein Gesetz verabschiedet, das die inländische Produktion in zwei wesentlichen Teilbereichen schützte: Zum einen die Wiedereinführung von Schutzzöllen auf ausländisches Roheisen, welche vor allem die englische Konkurrenz treffen sollte, und zum anderen die Einführung von Getreidezöllen zum Schutz der inländischen Landwirtschaft.

Die mittelbaren Auswirkungen der Gründerkrise bekamen auf politischer Ebene vor allem die liberalen Parteien zu spüren, zu denen Bismarck Ende der 1870er-Jahre immer spürbarer auf Distanz ging und denen die Wählerschaft davonlief. Für den Reichskanzler stellten die Zölle eine wichtige Einnahmequelle des Reiches dar. Ihre Erhöhung, die in den 1880er-Jahren noch zweimal erfolgte, verringerte die Abhängigkeit des Reiches von den Matrikularbeiträgen der Länder, hatte aber auch eine Verteuerung der Lebensmittelpreise für die Bevölkerung zur Folge. Gleichzeitig begann der Staat, massiv auf das wirtschaftliche und gesellschaftliche Leben Einfluss zu nehmen. Die sozialpolitischen Maßnahmen sind oben schon angesprochen worden. Darüber hinaus ergriff der Staat immer stärker Maßnahmen zur Aufrechterhaltung des Wettbewerbs in Industrie und Handel, was angesichts der fortschreitenden Konzentration der wirtschaftlichen Kräfte zum Schutz mittlerer und kleinerer Betriebe notwendig war. Er verordnete auf dem Wege der Administration Verkehrstarife, legte Mieten für Sozialwohnungen fest und übernahm allmählich die Gründung von öffentlichen Einrichtungen wie Schulen, Universitäten und Krankenhäusern, für die sich die Privatwirtschaft nicht zuständig fühlte.

Bismarcks Außenpolitik

Chronologie	
1873	Drei-Kaiser-Abkommen zwischen Deutschland, Österreich, Russland zur Sicherung des Status quo in Europa
1875	„Krieg-in-Sicht-Krise“ aufgrund französischer Rüstungsbestrebungen
Juni 1877	„Kissinger Diktat“: Deutschland als Garant des europäischen Gleichgewichts
1877	Balkankrieg zwischen Russland und dem Osmanischen Reich
März 1878	Friede von San Stefano: Russland fordert Zugang zum Bosporus und den Dardanellen; Widerstand Österreich-Ungarns und Englands
1878	Berliner Kongress: Beilegung der Orientkrise zulasten russischer Interessen
1879	Zweibund: Deutschland und Österreich-Ungarn: Beistandspakt gegen Russland
1881–1887	Drei-Kaiser-Allianz zwischen Deutschland, Österreich-Ungarn, Russland: Neutralitätszusicherung
1882	Dreibund: Deutschland, Österreich-Ungarn, Italien: gegen Frankreich und Russland gerichtet
1884/1885	Beginn der deutschen Kolonialpolitik
1887	Mittelmeerabkommen zwischen England, Italien, Österreich-Ungarn: Anbindung Englands an den Dreibund
1887	Rückversicherungsvertrag zwischen dem Deutschen Reich und Russland: Neutralitätszusicherung

Das Drei-Kaiser-Abkommen als Basis der deutschen Außenpolitik

Der neu entstandene starke Nationalstaat in der Mitte Europas sah sich von Anfang an mit drei Problemen konfrontiert. Zum einen hatte er mit dem **Misstrauen der etablierten Großmächte** in Europa zu rechnen, die in ihm einen unerwünschten Konkurrenten und möglichen Rivalen sahen. Zum anderen musste man davon ausgehen, dass **Frankreich** wegen der Niederlage gegen Deutschland sowie der damit einhergehenden Annexionen und Reparationen zum unversöhnlichen Gegner geworden war. Ihn galt es außenpolitisch zu isolieren, um nicht selbst in die Gefahr eines Zwei- oder Mehrfrontenkrieges zu geraten. Damit verbunden war die dritte Belastung, mit der Deutschland konfrontiert war, nämlich die Tatsache, dass es weitgehend **offene Grenzen** hatte und insofern jederzeit unvermutet angegriffen werden konnte.

Bismarck versuchte, dieser Konstellation dadurch Rechnung zu tragen, dass er einerseits Bündnisse mit den europäischen Großmächten abschloss, um Frankreich zu isolieren. Andererseits war er bestrebt, territoriale Konflikte zwischen den anderen Staaten an der Peripherie Europas, besonders auf dem Balkan, durchaus in Gang zu halten, um Deutschlands Bedeutung als neutrale – weil nicht durch eigene Interessen geleiteter – Streitschlichter zu stärken.

Schon der erste Bündnisversuch Bismarcks gestaltete sich schwierig, sollte er doch in einen Vertrag zwischen Deutschland, Russland und Österreich münden. Bismarck wollte dadurch einerseits die Angst der Habsburger Monarchie vor Ansprüchen Deutschlands auf den deutschsprachigen Teil des Donaustaates verringern, andererseits Russland, das durch seine wohlwollende Neutralität die Gründung des deutschen Nationalstaates erleichtert hatte und sich Hoffnungen auf Kompensationen machte, an sich binden. Was Russland betraf, so war sich Bismarck sicher, „(dass) zwischen Deutschland und Russland [...] keine Verschiedenheiten der Interessen (existieren), welche die Keime von Konflikten und eines Bruches unabweislich in sich trügen".[39] Problematisch dabei war, dass Österreich und Russland seit dem Krimkrieg aufgrund ihrer Balkaninteressen in scharfem Gegensatz zueinander standen. Insbesondere Russland sah Deutschland in einer Dankesschuld und erhoffte sich Unterstützung für seine Balkanpläne. Bismarcks Kunst bestand nun darin, Russland und Österreich gleichermaßen an Deutschland zu binden, ohne für einen der beiden Staaten gegen den anderen Partei ergreifen zu müssen. Dieses Prinzip wurde zur Leitlinie der deutschen Außenpolitik in den 1870er-Jahren.

Franz Joseph I., Kaiser von Österreich

Wilhelm I., Kaiser von Deutschland

Alexander II., Zar von Russland

39 Bismarck, Otto von: Gedanken und Erinnerungen. München 1999, S. 485

Das **Drei-Kaiser-Abkommen** zwischen Österreich, Deutschland und Russland aus dem Jahre 1873, das an den Gedanken der monarchischen Solidarität anknüpfte, legte ein erstes Zeugnis von der genannten außenpolitischen Taktik Bismarcks ab. Die Monarchen sicherten sich zu, „den Zustand des Friedens, der heute in Europa herrscht, zu festigen, [...] selbst wenn die Interessen Ihrer Staaten in Einzelfragen auseinander gehen sollten, Abreden zu treffen, damit diese Gegensätze nicht die Oberhand gewinnen können, [...] für den Fall, dass ein Angriff einer dritten Macht den europäischen Frieden bedroht [...] ohne neue Bündnisse zu suchen oder zu schließen, zuerst untereinander ins Benehmen zu treten, um die gemeinsam zu befolgende Linie festzulegen".[40] Damit war für Bismarck vorerst die Gefahr eines österreichisch-russischen Balkankonflikts ebenso ausgeräumt wie die eines Zusammengehens von Russland und Frankreich.

Die Balkankrise des Jahres 1875

Letzteres war umso wichtiger, als sich Frankreich von der Schmach von 1871 schnell erholt hatte, wieder aufrüstete und sich damit anschickte, in den Kreis der europäischen Großmächte zurückzukehren. Die Verstärkung des französischen Heeres und umfangreiche Pferdekäufe der französischen Militärverwaltung schürten in Deutschland die Angst vor einem französischen Angriff, weil man darin konkrete Anzeichen für eine Mobilmachung gegen Deutschland zu erkennen glaubte. Diese „**Krieg-in-Sicht-Krise**", wie sie eine Berliner Zeitung genannt hatte, ließ Bismarck in Russland die Haltung des Zaren zu einem möglichen deutschen **Präventivkrieg** auskundschaften, dessen Neutralität die Voraussetzung dafür gewesen wäre. Danach musste er erkennen, dass sowohl Russland als auch England eine in ihren Augen den Frieden in ganz Europa gefährdende und das Gleichgewicht zugunsten einer deutschen Hegemonie verschiebende Militäraktion Deutschlands nicht tolerieren würde.

Aus dieser Krise zog Bismarck die Erkenntnis, dass Frankreichs Isolation nicht mehr bestand. Deutschlands Politik musste daher zu seiner eigenen Sicherheit darauf ausgerichtet sein, das Gleichgewicht in Europa aufrechtzuerhalten, was schwierig genug war, wie sich exemplarisch an der Balkankrise der folgenden Jahre zeigen sollte.

Im Sommer 1875 brachen in Bosnien und der Herzegowina vorwiegend aufgrund religiöser Unterdrückung durch die türkischen Verwalter Aufstände

40 Zit. n. Schönbrunn, Günter: Das Bürgerliche Zeitalter 1815–1914. Geschichte in Quellen. München 1980, S. 449

aus, in die auch Bulgarien, Serbien und Montenegro eingriffen. Es schien nur mehr eine Frage der Zeit, bis das Osmanische Reich, der „kranke Mann am Bosporus", würde zurückweichen müssen. Aber es stellte sich heraus, dass man die Schlagkraft der türkischen Armee unterschätzt hatte. Die Aufstände wurden niedergeschlagen. Die Aufständischen sahen sich der blutigen Rache der türkischen Militärs ausgesetzt. Das Geschehen auf dem Balkan führte zu einem Eingreifen der europäischen Mächte. Insbesondere **Russland**, das sich als Schutzmacht der orthodoxen Christen betrachtete, und **Österreich**, dessen Grenzen im Süden des Habsburgerstaates gefährdet schienen, waren von der Auseinandersetzung betroffen. Zunächst sah es so aus, als ob ein gemeinsames Vorgehen der beiden Staaten möglich sei. Relativ bald jedoch traten die scharfen Interessengegensätze zwischen Österreich und Russland, aber auch zwischen Russland und England zutage.

Bismarck war der sich zuspitzende Konflikt nicht unwillkommen, lenkte er doch von dem deutschen Misserfolg in der „Krieg-in-Sicht-Krise" ab und stärkte die Rolle Deutschlands als nicht unmittelbar von der Krise betroffene Macht. Allerdings galt es für Bismarck vorsichtig zu sein, denn sowohl Österreich als auch Russland erwarteten, dass Deutschland Partei für ihre Interessen ergriff. Insbesondere der russische Zar Alexander II. forderte 1876 die Unterstützung des Reiches für seine Balkanpläne auch gegen den Rivalen Österreich-Ungarn als Gegenleistung für die 1870 bewiesene Solidarität während des Krieges gegen Frankreich und bei der Reichsgründung. Bismarck enthielt sich aber jeder Parteinahme, weil er sich bewusst war, dass eine Schmälerung der russischen Machtstellung für die Erhaltung des europäischen Gleichgewichts – für den Reichskanzler der Garant der deutschen Sicherheit – ebenso schädlich war wie eine Gefährdung der österreichischen Monarchie. Im **„Kissinger Diktat"** vom Juni 1877 beschrieb Bismarck die für Deutschland günstigste außenpolitische Lage als die „einer politischen Gesamtsituation, in welcher alle Mächte außer Frankreich unser bedürfen, und von Koalitionen gegen uns durch ihre Beziehungen zueinander nach Möglichkeit abgehalten werden".[41]

Der Berliner Kongress

Zunächst sah es allerdings nicht danach aus, da sich Russland aufgrund der deutschen Haltung in der Balkanfrage mit Österreich verständigte. Damit hielt es sich den Rücken frei und erklärte im April 1877 der Türkei den Krieg, den Alexander II. siegreich beendete. Im **Frieden von San Stefano** diktierte

41 Zit. n. Schönbrunn, a. a. O., S. 455

Russland schließlich seine Friedensbedingungen, die von Österreich und England nicht akzeptiert werden konnten. Die Kontroverse entwickelte sich vor allem darum, dass Russland einen großbulgarischen Staat unter seinem Protektorat errichten wollte. Dadurch hätte Russland ein traditionelles Kernziel seiner Außenpolitik, nämlich die Kontrolle über die Dardanellen und den Bosporus und damit die Möglichkeit einer **Verbindung zwischen dem Schwarzen Meer und dem Mittelmeer**, erreicht. Dagegen protestierten Österreich-Ungarn und England, das seine Rolle als vorherrschende Seemacht bedroht sah, so vehement, dass der europäische Friede akut gefährdet erschien.

Dies konnte nicht im Interesse Deutschlands sein, sodass Bismarck die Initiative des österreichisch-ungarischen Außenministers **Graf Andrássy** aufgriff, den Balkankonflikt auf einem Kongress zu lösen, der folgerichtig 1878 in Berlin, der Hauptstadt der einzigen unbeteiligten Großmacht, stattfand. Dabei dachte keine der beteiligten Mächte daran, die Interessen der auf dem Balkan lebenden Volksgruppen einzubeziehen – ein verhängnisvoller Fehler, der mit zum Ausbruch des Ersten Weltkriegs beitragen sollte.

Bismarck definierte die Rolle Deutschlands bei diesem Kongress in einer Reichstagsrede im Februar 1878 wie folgt: „[...] Die Vermittlung des Friedens denke ich mir nicht so, dass wir nun bei divergierenden Ansichten den Schiedsrichter spielen und sagen: So soll es sein, und dahinter steht die Macht des Deutschen Reiches, sondern ich denke sie mir bescheidener, [...] mehr die eines ehrlichen Maklers, der das Geschäft wirklich zustande bringen will.“ [42]

Ausgehend von dieser Grundeinstellung hat Bismarck auf dem **Berliner Kongress** die russischen Interessen so weit wie möglich gefördert, war aber immer darauf bedacht, die Grenze des für die anderen Mächte noch Tolerierbaren nicht zu überschreiten. Im Ergebnis musste Russland Abstriche bei seinen im Frieden von San Stefano erzielten Gewinnen machen, so verlor es u. a. die Kontrolle über Bulgarien und damit den Zugang zu den Meerengen. Österreich durfte Bosnien und die Herzegowina besetzen, England erhielt die für den Ausbau seiner Seemacht wichtige Insel Zypern. Russland lastete diese Einbußen in der Folgezeit dem Reichskanzler an. Entsprechend empört äußerte sich Zar Alexander II. im sogenannten „Ohrfeigenbrief“ von 1879 Kaiser Wilhelm I. gegenüber, in dem er Deutschland vorwarf, sich einseitig zugunsten der Interessen Österreichs und Englands in der Balkanfrage zu engagieren. Gleichzeitig wies er darauf hin, dass die russische Balkanpolitik in Einklang mit der Haltung Frankreichs und Italiens stünde.

42 Bismarck, Otto von: Gesammelte Werke, a. a. O., Bd. 11, S. 526

Bismarck, in der Bildmitte, als Verhandlungsführer auf dem Berliner Kongress (Gemälde von Anton von Werner, 1881).

Der Berliner Kongress hat im Ergebnis Deutschlands außenpolitische Position entscheidend aufgewertet, da es – bis zu diesem Zeitpunkt als konservativ-rückständige Macht gegenüber fortschrittlich-liberalen Staaten gehandelt – von nun an als Garant des europäischen Friedens galt.

Bündnispolitik als Instrument der Sicherheit

Bismarck musste allerdings erkennen, dass die deutsch-russischen Beziehungen brüchig geworden waren und er entschloss sich zunächst, eine intensivere politische und wirtschaftliche Verbindung mit Österreich-Ungarn einzugehen, die im **Zweibund** von 1879 ihren Niederschlag fand. Beide Staaten sicherten sich darin gegenseitigen Beistand für den Fall eines russischen Angriffs zu; im Falle eines Angriffs durch eine andere Macht vereinbarte man wohlwollende Neutralität. Sollte Russland im Bündnis mit einer dritten Macht einen der beiden Vertragspartner angreifen, so sollte der Bündnisfall auch eintreten. Diese Klausel war vor allem für Deutschland wichtig, war sie doch gegen Frankreich gerichtet, von dem man annahm, dass es Deutschland nicht ohne Russland werde angreifen können. Bismarck verließ mit diesem Bündnis seine Strategie des ungebundenen „Maklers“ zwischen den Fronten und begann mit der Konstruktion seines berühmten Bündnissystems nach allen

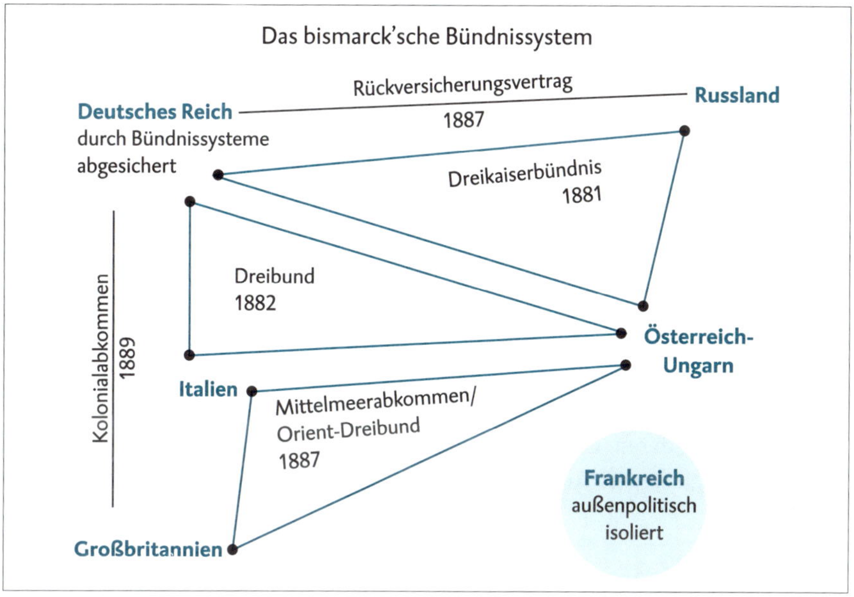

Richtungen. Der Zweibund, der am Anfang dieses Systems stand, überdauerte alle späteren Konstellationen und band die beiden Staaten Deutschland und Österreich-Ungarn bis zum Beginn des Ersten Weltkriegs aneinander.

Zunächst aber wandte sich der Kanzler wieder dem Osten – also Russland – zu und bemühte sich intensiv um eine Erneuerung der **Drei-Kaiser-Allianz**, die 1881 geschlossen und 1884 erneuert wurde. Die Vertragspartner verpflichteten sich darin zu wohlwollender Neutralität, falls einer von ihnen von einer vierten Macht angegriffen werden würde. Für Deutschland war dies im Hinblick auf Frankreich, für Russland in Bezug auf England wichtig. Im Jahr darauf schloss sich Italien dem **Zweibund** an, da es sich bezüglich seiner Expansionsinteressen in Nordafrika von Frankreich ausgebootet sah, das 1881 Tunesien zum französischen Protektorat erklärt hatte. Österreich-Ungarn und Deutschland sicherten Italien Hilfe zu, falls es von Frankreich angegriffen würde; im Gegenzug versprach Italien Unterstützung bei einem französischen Angriff auf Deutschland und Neutralität bei einem russisch-österreichischen Krieg.

Diese Eventualbündnisse belegen die Unsicherheit der außenpolitischen Lage: Eigentlich war aufgrund der Bündnissituation ein Krieg zwischen Russland und Österreich ausgeschlossen. Dennoch sah Bismarck den Wert dieses neu geschaffenen **Dreibundes** vor allem in einer Sicherung der Südgrenze Österreichs vor einem italienischen Angriff im Kriegfall mit Russland.

Bismarck hat mit dem **Drei-Kaiser-Bündnis nach Osten** hin einerseits und mit dem **Zwei- bzw. Dreibund nach Westen** und **Süden** hin andererseits zwei Bündnissysteme implementiert: „Diese schufen ein überaus kompliziertes, stets labiles und darum auch dynamisches, von inneren Widersprüchen keineswegs freies und deshalb nicht eben schwer belastbares System von Gewichten und Gegengewichten. Es balancierte für kurze Zeit die unterschiedlichen, zum Teil stark expansiven Interessen der europäischen Mächte wechselseitig aus, schrieb dadurch den Status quo fest und sicherte so den Frieden in Europa, nicht zuletzt zum Nutzen des Kaiserreiches."[43] Begünstigt wurde diese Konstruktion durch die Mitte der 1880er-Jahre herrschenden weltpolitischen Rahmenbedingungen. Frankreich und England stritten sich um Ägypten, das Verhältnis zwischen Russland und England war von Spannungen im Vorderen Orient und in Asien belastet, Italien und Frankreich blockierten sich wegen Tunesien.

Kolonialinteressen

Werner Scholz. Unser Stolz (1884): „Wie stehen wir nun in der Welt da?" Bismarck wird dargestellt als stolzer, Rad schlagender Pfau. Die drei hochstehenden Haare zeigen die Schwerpunkte seiner Politik: Handels-, Außen- und nun vorübergehend auch Kolonialpolitik.

In die Jahre 1884/85 fielen auch die Anfänge der deutschen Kolonialpolitik, die Bismarck nur halbherzig betrieb, da er einerseits glaubte, dass man sich als ernst zu nehmender Machtfaktor auch am Kolonienerwerb beteiligen musste. Andererseits wusste er, dass Deutschland eine kontinentaleuropäische Großmacht war, die ihre Stellung nicht durch außereuropäische Abenteuer gefährden durfte. In Deutschland selbst entwickelte sich zu Beginn der 1880er-Jahre eine Strömung, die ein deutsches Kolonialengagement aus wirtschaftlichen, demografischen und imperialistischen Beweggründen förderte. An deren Spitze stellte sich der Ende 1882 gegründete Deutsche Kolonial-Verein. So wurden in rascher Folge durch kaiserliche Schutzbriefe die Grundlagen für die deutschen Kolonien Deutsch-Südwestafrika, Togo, Kamerun, Ostafrika, Nordost-Neuguinea (Kaiser-Wilhelms-

43 Ullmann, a. a. O., S. 79

Land) und die Inselgruppe Nova Britannia (Bismarck-Archipel) gelegt. Als es wegen der deutschen Kolonialbestrebungen zu Auseinandersetzungen insbesondere mit England kam, legte der Reichskanzler weitere Expansionspläne sehr schnell wieder zu den Akten. Bemerkenswert jedoch ist, dass in der Bismarck-Ära wesentlich mehr deutsche Kolonien erworben wurden als in der dafür bekannten Zeit des Wilhelminismus.

Der Rückversicherungsvertrag

Allerdings war die Ruhe auf dem Balkan, eine der unverzichtbaren Voraussetzungen für das Funktionieren des Bismarck'schen Bündnissystems, nur von kurzer Dauer. Nationalistische Kräfte in Bulgarien versuchten, die Machtverhältnisse auf dem Balkan zu ihren Gunsten zu verändern. Dabei gerieten sie in Konflikt mit Serbien, das seit 1881 mit Österreich durch einen Schutzvertrag verbunden war und Bulgarien 1885 den Krieg erklärte. In Russland glaubte man, dass Österreich der eigentliche Drahtzieher dieses neuerlichen Konfliktes sei und drohte mit Krieg. Bismarck, der sich erneut um Ausgleich bemühte, bekam die russische Verärgerung zu spüren, indem man ihm – wie 1878 auf dem Berliner Kongress – vorwarf, einseitig Österreich zu begünstigen. Die gegen Deutschland gerichtete Stimmung in Russland ging so weit, dass man sich nicht nur von den Mittelmächten lösen, sondern gleichzeitig ein Bündnis mit Frankreich ins Auge fassen wollte. In Frankreich wiederum wurde die antideutsche Stimmung in den Jahren 1885/86 vehement durch den neuen Kriegsminister **General Boulanger** geschürt. In Deutschland mehrten sich daraufhin vor allem in Militärkreisen die Stimmen, die einen deutschen Präventivkrieg zur Abwehr der vermeintlich drohenden Gefahr empfahlen. Bismarck aber beschritt einen anderen Weg: Einerseits willigte er ein, sozusagen für alle Fälle, die Rüstung in Deutschland zu verstärken. Andererseits suchte er nach einem Ersatz für die zerbrochene Drei-Kaiser-Allianz, um Deutschland gegenüber Russland abzuschirmen. Bevor dies Realität wurde, gelang Bismarck ein nicht unbedeutender außenpolitischer Erfolg, als auf seine Vermittlung hin 1887 ein **Mittelmeerabkommen** zwischen England, Österreich-Ungarn und Italien (vgl. Schaubild S. 77) abgeschlossen wurde, durch welches England erstmals an den Dreibund angebunden werden konnte. Die drei Staaten vereinbarten die Aufrechterhaltung des Status quo im Mittelmeer, in der Ägäis und im Schwarzen Meer. Dieses Abkommen war insbesondere gegen die russischen Pläne bezüglich der Meerengen gerichtet. Bismarck sah seinen Wert nicht nur in einer Verstärkung der Isolation Frankreichs, sondern auch in einer Absicherung Österreich-Ungarns gegenüber Russland. Mit Russland schloss das Deutsche Reich im selben Jahr den **Rückversicherungsvertrag**. Dieser legte die wohlwollende Neutralität der beiden Staaten für den Fall fest, dass sich einer der beiden mit einer dritten Großmacht im Krieg befinden sollte, Österreich und Frankreich waren allerdings ausgenommen, falls diese durch einen der beiden Vertragspartner angegriffen werden würden. Überdies erkannte Deutschland „die geschichtlich erworbenen Rechte Russlands auf der Balkanhalbinsel an und insbesondere die Rechtmäßigkeit seines vorwiegenden und entscheidenden Einflusses in Bulgarien und Ostrumelien".[44] Das „**ganz geheime Zusatzprotokoll**" zum Rückversicherungsvertrag verpflichtete Deutschland zur Neutralität für den Fall, dass Russland den „Schlüssel seines Reiches"[45] selbst in die Hand nehmen, sprich die Kontrolle über die Meerengen übernehmen wollte.

Die Widersprüchlichkeiten innerhalb der einzelnen hier dargestellten Verträge sind augenfällig, dürfen aber in einer Zeit kurzlebiger diplomatischer und politischer Initiativen und Taktiken nicht überbewertet werden. In Bezug auf Russland war die Tatsache gravierend, dass Bismarck versuchte, das vertraglich gesicherte Einvernehmen durch wirtschaftliche Repressionen zu konterkarieren, indem er zum Beispiel die Einfuhrzölle für russisches Getreide erhöhte.

Bilanz

Der **Außenpolitik** des Reichskanzlers gelang es trotz oder gerade wegen der skizzierten Problemlagen

- europäische Krisen zu entschärfen und in Randgebiete (z. B. den Balkan) abzuleiten,
- das Gleichgewicht der Mächte in Europa zu erhalten,
- Deutschland durch Friedenserhaltung abzusichern,
- seine Glaubwürdigkeit als die einzige nicht an territorialen Zugewinnen interessierte Großmacht zu festigen,
- Frankreich gegenüber anderen Staaten zu isolieren und
- Deutschland durch geschickte Vertragspolitik vor einer Zwei-Fronten-Konstellation zu bewahren.

44 Zit. n. Schönbrunn, a. a. O., S. 482
45 Zit. n. ebd., S. 483

Man hat oft die Frage gestellt, ob dieses auf das politische Geschick einer Person zentrierte Bündnissystem nicht von vornherein zum Scheitern verurteilt gewesen wäre. In der Tat zeigte sich nach dem Sturz Bismarcks 1890, wie schnell die fein gesponnenen Bündnisfäden durch das „persönliche Regiment" Kaiser Wilhelms II. zertrennt werden sollten: Der Rückversicherungsvertrag mit Russland wurde nicht mehr erneuert, damit der Weg für ein Bündnis zwischen Frankreich und dem Zarenreich frei gemacht. Die forcierte deutsche Flottenpolitik bedrohte die Seeherrschaft Englands. Die deutsche Außenpolitik wurde zunehmend von militärischen Überlegungen geprägt. Deutschland geriet mehr und mehr in die außenpolitische Isolation, sodass nur mehr das alte Bündnis mit Österreich-Ungarn als feste Größe der deutschen Außenpolitik Bestand hatte, an das man sich in „Nibelungentreue" bis in den Ersten Weltkrieg klammerte. Diese einseitige Abhängigkeit von nur einem Bündnispartner zumindest war etwas, was Bismarck von Anfang an zu verhindern versucht hatte.

Bismarcks Gleichgewichts- und Friedenspolitik ist geprägt von dem erfolgreichen Balanceakt, Frankreich im Westen und Russland im Osten von einem Bündnis abzuhalten.

Das Ende der „Ära Bismack“

Chronologie	
März–Juni 1888	Friedrich III. Deutscher Kaiser
1888–1918	Wilhelm II. Deutscher Kaiser
1889	Bergarbeiterstreiks im Ruhrgebiet
18./20. März 1890	Entlassungsgesuch/Entlassung Bismarcks

Bismarcks Entlassung

Der Tod Kaiser Wilhelms I. am 9. März 1888 beendete eine Zeitspanne, die von weitgehender Übereinstimmung zwischen Kaiser und Reichskanzler geprägt war. Der Kaiser konnte sich jederzeit auf die Loyalität seines Reichskanzlers verlassen, dessen oberste politische Prämisse die Förderung des monarchischen Prinzips und seiner Ausformungen zunächst in Preußen, dann aber auch auf Reichsebene war. Der Reichskanzler wiederum konnte sich der Unterstützung und Rückendeckung des Kaisers für seine Politik gewiss sein.

Das tragische Intermezzo des nur 99 Tage als Kaiser Friedrich III. regierenden liberalen Kronprinzen **Friedrich Wilhelm** beeinflusste die politische Wirklichkeit in Deutschland kaum. Nach dessen Tod bestieg Kaiser Wilhelm II., der Enkel Wilhelms I., politisch unerfahren und persönlich ungefestigt, den Thron. Er machte von vornherein klar, dass er wesentlich aktiver in die Politik eingreifen wollte als sein Großvater. Bismarck erkannte, dass der junge Kaiser, umgeben von ihm feindlich gesonnenen Ratgebern, nicht berechenbar war.

Im Bereich der Außenpolitik neigte Wilhelm II. dazu, die von Bismarck aufgrund des labilen Verhältnisses zu Russland fein gesponnene Bündnisstrategie zugunsten der Idee eines Präventivkrieges gegen Russland aufgeben zu wollen.

Der sich anbahnende Konflikt mit dem Kaiser kulminierte jedoch auf innenpolitischem Gebiet. Als 1889 in Dortmund, Bochum und Essen ein Bergarbeiterstreik ausbrach, der binnen einiger Tage auf das ganze Ruhrgebiet übergriff und an dem sich insgesamt mehr als 100 000 Bergleute beteiligten, die eine Erhöhung ihrer Arbeitslöhne, eine zeitliche Begrenzung ihrer Schicht auf acht Stunden und die Einsetzung von Arbeiterausschüssen zur Vertretung ihrer Interessen gegenüber den Grubenbesitzern forderten, stellte sich Bis-

Auf den liberalen Friedrich III. folgte Wilhelm II. Die Aufnahme zeigt einen wesentlichen Charakterzug des Kaisers: Die demonstrative Selbstdarstellung der eigenen Bedeutung. Bismarck wird – auch durch die eigene Haltung – zum Untertanen degradiert.

marck auf die Seite der Arbeitgeber, der Kaiser hingegen ergriff – ganz im Gegensatz zu seiner späteren Handlungsweise – Partei für die Arbeiter.

Bismarck erkannte in diesen Vorgängen, dass er das Vertrauen des Kaisers nicht mehr besaß und reichte am 18. März 1890 sein Entlassungsgesuch ein. Er begründete dieses neben den unterschiedlichen Auffassungen in der Außen- und Sozialpolitik vor allem damit, dass er eine seit 1852 bestehende preußische Verordnung aufheben sollte, die es den Ministern untersagte, persönlich beim Monarchen vorzutragen, was bisher ausschließlich dem Ministerpräsidenten vorbehalten war. Der Reichskanzler erkannte in dieser Maßnahme zurecht ein erhebliches Misstrauensvotum des Kaisers gegen seine Person. Wilhelm II. nahm den Rücktritt an, Bismarck war offiziell auf eigenen Wunsch entlassen worden. Die englische Zeitschrift „Punch“ kommentierte Bismarcks Rücktritt mit der Bildunterschrift: „Dropping the Pilot“, die meist irreführend mit „Der Lotse verlässt das Schiff“ übersetzt wird. Vielmehr wird mit „dropping“ die Handlung des Kaisers kritisiert, der so töricht ist, den Lotsen des „Staatsschiffs“ zu entlassen. Der Karikaturist John Tenniel zeigt hier eine visionäre Einschätzung, bedenkt man die unberechenbare, undiplomatische und polarisierende Politik, durch die sich das zukünftige **„persönliche Regiment“** des Kaisers negativ auszeichnen sollte.

Am 29. März 1890, drei Tage vor seinem 75. Geburtstag verließ der „Altreichskanzler“ Berlin. Unter den Linden sangen Zehntausende entblößten Hauptes die Wacht am Rhein. Am Lehrter Bahnhof wurde Bismarck auf Veranlassung Kaiser Wilhelms II. ein Abschied mit allen militärischen Ehren zu teil. In seinen „Erinnerungen“ hat Bismarck seine Verabschiedung selbst „Leichenbegräbnis erster Klasse“ genannt.

Weniger unglücklich waren die politischen Gegner Bismarcks über den Rücktritt des ungeliebten Widersachers. **Eugen Richter**, Führer der linksliberalen Deutsch-Freisinnigen Partei, kommentierte Bismarcks Regierungsweise unmittelbar nach seiner Entlassung wie folgt:

„Die Entlassung des Reichskanzlers Fürsten Bismarck ist vollendete Tatsache. Gott sei Dank, dass er fort ist! [...] Dass bei den letzten Wahlen (im Februar 1890) die deutsche Bevölkerung sich zu einem Fünftel zu einer republikanischen Partei (gemeint sind die Sozialdemokraten) bekannt hat, ist in der Hauptsache die Frucht des Bismarck'schen Regierungssystems, welches nur zu sehr geeignet war, die Sozialdemokratie bald mittels dargereichten Zuckerbrotes, bald mittels der angewandten Peitsche künstlich großzuziehen. Dazu sind die konfessionellen Gegensätze verschärft worden. [...] Das gewaltige Emporwuchern der Interessenparteien, welche rücksichtslos die Ausbeutung der Staatsgewalt auf Kosten des allgemeinen Wohles erstreben, ist zurückzuführen auf die Schutzzollpolitik. [...] Die Verhetzung der politischen Parteien untereinander, [...] das Absprechen des Patriotismus für jeden politisch Andersdenkenden ist die Folge einer [...] korrumpierten Presse [...].“[46]

In krassem Gegensatz zu diesem vernichtenden Urteil stand die kultartige Verehrung, die Bismarck in der Bevölkerung noch zu Lebzeiten, insbesondere aber nach seinem Tode 1898, zuteilwurde. Sie äußerte sich unter anderem in

46 Zit. n. Ritter, a. a. O., S. 260 f.

Standbildern, Denkmälern, Genrebildern und verlieh dem Drang nach einer identitätsstiftenden Persönlichkeit Ausdruck, die deutsche Tradition und deutsche Stärke in sich vereinigte.

Bismarck, „der Schmied des Reiches“, flankiert von zwei Adlern, ist in dieser Art in zahlreichen Denkmälern dargestellt als Reichsgründer, der das Kaiserreich mit „Eisen und Blut“ geschaffen hat (Denkmal von Hugo Lederer, Hamburg 1906).

Bismarck steht zwischen Siegesgöttin und Germania in Rüstung und mit Reichskrone. Vorn neigt sich das ihm huldigende Volk. Am linken Bildrand sitzt Clio, die Muse der Geschichte, die das Kapitel 1870/1871 – die Zeit der Reichsgründung – aufgeschlagen hat (Gemälde von Ludwig Rudow, 1890).

Fazit

Versucht man, das politische Wirken Bismarcks unter Einbeziehung der gesamtgesellschaftlichen und politischen Rahmenbedingungen zusammenfassend zu bewerten, so sollten vor allem einseitige Urteile vermieden werden. Bismarck ist weder ein „Weißer Revolutionär“[47] noch der „Dämon der Deutschen“[48], noch erscheint es angebracht eine Linie von „Bismarck zu Hitler“[49] zu ziehen, wie dies der Titel eines viel gelesenen Buches zumindest nahelegt.

Befragt hinsichtlich Bismarcks „politischen Erbes“, äußerte sich der bekannte Soziologe Max Weber im Jahre 1917 folgendermaßen:

„Er hinterließ eine Nation ohne alle und jede politische Erziehung, tief unter dem Niveau, welches sie in dieser Hinsicht zwanzig Jahre vorher bereits erreicht hatte. Und vor allem eine Nation ohne allen und jeden politischen Willen, gewohnt, dass der große Staatsmann an ihrer Spitze für sie die Politik schon besorgen werde. [...] Eine politische Tradition dagegen hinterließ der große Staatsmann überhaupt nicht. Innerlich selbständige Köpfe und vollends Charaktere hatte er weder herangezogen, noch auch nur ertragen. [...] Demgegenüber nun als rein negatives Ergebnis seines gewaltigen Prestiges: ein völlig machtloses Parlament. [...] Jene Machtlosigkeit bedeutete aber zugleich: ein Parlament mit tief herabgedrücktem geistigen Niveau. [...]“[50]

Was sind nun die Ergebnisse, die das „Zeitalter Bismarcks“ prägen? Ohne Zweifel hat sich im Verbund mit der beginnenden Industrialisierung ab den 1850er-Jahren ein breiteres liberales und nationales Bewusstsein vor allem in den an Bedeutung gewinnenden Gruppen des Wirtschafts- und des Bildungsbürgertums herausgebildet, das mit verantwortlich war für die mentale Verankerung des Nationalstaatsgedankens. Gleichzeitig blieben alte, monarchisch geprägte Machtstrukturen erhalten und die Bedürfnisse der sich herausbildenden Industriearbeiterschaft setzten neue politische und soziale Prozesse frei.

Im Rahmen dieser sich verändernden Bedingungen trat mit Preußen der politisch, wirtschaftlich und demografisch bedeutendste deutsche Staat ins Rampenlicht, politisch repräsentiert durch einen Ministerpräsidenten – Bismarck –, dessen Persönlichkeit von einer monarchisch-absolutistischen Grundhaltung geprägt war. Seine Politik galt primär der Erhaltung der preußischen Monarchie und der diese stützenden Gruppen des Adels, des Militärs und der Beamtenschaft. Insofern waren die innen- und außenpolitischen Kontro-

47 Gall, Lothar, a. a. O.
48 Willms, Johannes, a. a. O.
49 Haffner, Sebastian: Von Bismarck zu Hitler. Ein Rückblick. München 1987
50 Zit. n. Ritter, a. a. O., S. 262

versen der 1860er-Jahre weniger Ausdruck des Strebens nach nationalstaatlicher Einigung, sondern verfolgten primär das Ziel einer Stärkung Preußens.

Nach der Gründung des Kaiserreichs, auf die sich der „Bismarck-Mythos“ stützt, veränderte sich das Bild wenig. Die Politik des nunmehrigen Reichskanzlers war gekennzeichnet von dem Bestreben, die Allmacht des monarchischen Staates zu bewahren. Daraus resultierten die innenpolitischen Kämpfe gegen Parlament, Parteien, Gewerkschaften, die katholische Kirche etc. Die Tatsache, dass eine sich entwickelnde Industriegesellschaft notwendigerweise pluralistische und demokratische Strukturen nach sich zieht, blieb ihm – wie vielen anderen – verborgen, darf aber aus der Retrospektive von mehr als 100 Jahren und den damit verbundenen Erfahrungen auch nicht überbewertet werden. Immerhin haben sich die Lebens- und Arbeitsbedingungen für viele Menschen spürbar verbessert (Arbeitsmöglichkeiten, Wohnungs- und Straßenbau, medizinische Fortschritte, chemische und technische Innovationen, soziale Sicherungselemente, politische Partizipation). Eine Entwicklung, die Bismarck in weiten Teilen nicht gravierend behindert hat. Seine Außenpolitik schließlich – gestaltet mit Methoden der vorrevolutionären Zeit (Kabinettspolitik, Geheimdiplomatie) – sicherte den Frieden in Deutschland und in weiten Teilen Europas bis zum Ausbruch des Ersten Weltkriegs.

Die eingangs zitierten Vorwürfe Max Webers alleine Bismarck anzulasten, scheint zu kurz gegriffen, spiegeln die geschilderten Zustände doch die Mentalität eines Großteils der Bevölkerung, deren Gewohnheiten noch von alten Strukturen geprägt waren und die den Aufbruch in eine moderne Zeit nicht ohne Brüche bewerkstelligen konnte. Fehlentwicklungen wie übersteigerter Nationalismus, Imperialismus, Antisemitismus etc. waren die negativen Folgen und bildeten die Voraussetzungen für die großen politischen Katastrophen des 20. Jahrhunderts.

Quellen und Literatur

Bismarck, Otto von: Gedanken und Erinnerungen. Mit einem Essay von Lothar Gall. Berlin 1999

Canis, Konrad: Bismarcks Außenpolitik 1870–1890. Aufstieg und Gefährdung. Paderborn 2003

Conrad, Sebastian und Jürgen Osterhammel (Hrsg.): Das Kaiserreich transnational. Deutschland in der Welt 1871-1914. Göttingen 2004

Craig, Gordon A.: Geschichte Europas 1815–1980. Vom Wiener Kongress bis zur Gegenwart. München 1995

Gall, Lothar: Bismarck. Der weiße Revolutionär. Frankfurt/Main, Berlin, Wien 1983

Gerwarth, Robert: Der Bismarck-Mythos. Die Deutschen und der Eiserne Kanzler. München 2007

Gall, Lothar: Europa auf dem Weg in die Moderne 1850–1890. München 1984

Engelbert, Ernst: Bismarck. Das Reich in der Mitte Europas. München 1993

Fenske, Hans (Hrsg.): Im Bismarckschen Reich 1871–1890. Darmstadt 1978

Fenske, Hans (Hrsg.): Der Weg zur Reichsgründung 1850–1870. Darmstadt 1977

Haffner, Sebastian: Von Bismarck zu Hitler. Ein Rückblick. München 1989

Hildebrand, Klaus: Das vergangene Reich. Deutsche Außenpolitik von Bismarck bis Hitler 1871–1945. Berlin 1999

Krockow, Christian Graf von: Bismarck. Eine Biographie. München 2000

Lautemann, Wolfgang und Manfred Schlenke (Hrsg.): Geschichte in Quellen: Das bürgerliche Zeitalter 1815–1914 (bearbeitet von Günter Schönbrunn). München 1980

Loth, Wilfried: Das Kaiserreich. Obrigkeitsstaat und politische Mobilisierung. München ^{2}1997

Mommsen, Wilhelm: Otto von Bismarck. Reinbek 1966

Mommsen, Wolfgang J.: Der autoritäre Nationalstaat. Verfassung, Gesellschaft und Kultur im deutschen Kaiserreich. Frankfurt/Main 1990

Nipperdey, Thomas: Deutsche Geschichte 1800–1918, 3 Bände. München 1998

Pflanze, Otto: Bismarck. Der Reichskanzler. München 1998

Radkau, Joachim: Das Zeitalter der Nervosität. Deutschland zwischen Bismarck und Hitler. München, Wien 1998

Ritter, Gerhard A. (Hrsg.): Das Deutsche Kaiserreich 1871–1914. Ein historisches Lesebuch. Göttingen 4 1981

Schmidt, Rainer F.: Otto von Bismarck (1815–1898). Realpolitik und Revolution. Eine Biographie. Stuttgart, Berlin, Köln 2004

Schulze, Hagen: Der Weg zum Nationalstaat. Die deutsche Nationalbewegung vom 18. Jahrhundert bis zur Reichsgründung. München 3 1992

Schwarzmüller, Theo: Otto von Bismarck. München 2 1998

Siemann, Wolfram: Gesellschaft im Aufbruch. Deutschland 1849–1871. Frankfurt/Main 1990

Stürmer, Michael (Hrsg.): Bismarck und die preußisch-deutsche Politik 1871–1890. München 3 1978

Stürmer, Michael: Das ruhelose Reich. Deutschland 1866–1918. Siedler Deutsche Geschichte 9. Berlin 1998

Stürmer, Michael: Die Reichsgründung. Deutscher Nationalstaat und europäisches Gleichgewicht im Zeitalter Bismarcks. München 1984

Torp, Cornelius: Die Herausforderung der Globalisierung. Wirtschaft und Politik in Deutschland 1860–1914. Göttingen 2005

Ullmann, Hans-Peter: Das Deutsche Kaiserreich 1871–1918. Frankfurt/Main 1995

Ullrich, Volker: Otto von Bismarck. Reinbek 1998

Ullrich, Volker: Die nervöse Großmacht 1871–1918. Aufstieg und Untergang des deutschen Kaiserreichs. Frankfurt/Main 1997

Wehler, Hans-Ulrich: Das Deutsche Kaiserreich 1871–1918. Göttingen 5 1983

Weichlein, Siegfried: Nation und Region. Integrationsprozesse im Bismarckreich. Düsseldorf 2004

Willms, Johannes: Bismarck. Dämon der Deutschen. Anmerkungen zu einer Legende. München 1997

Winkler, Heinrich August: Der lange Weg nach Westen. Band 1. Deutsche Geschichte vom Ende des Alten Reiches bis zum Untergang der Weimarer Republik. München 2000

Stichwortverzeichnis

Abgeordnete 46 f., 52, 60
Abgeordnetenhaus, preußisches 7,11,14 ff., 20, 52
Ägäis 79
Ägypten 78
Ära, liberale 54
Äternat 57
Agrarier 67
Aktien 66
Aktiengesellschaften 56, 66 ff.
Alexander II. (1818–1881), Zar von Russland 74 ff.
Allgemeiner Deutscher Arbeiterschaftsverband (1868) 63
Allgemeiner Deutscher Arbeiterverein (1863) 43, 59
Allgemeiner Deutscher Zigarren-Arbeiterverein (1865) 62
Altes Reich 3, 29
Alters- und Invalidenversicherung 62
Andrássy, Gyula Graf v. (1823–1890), österreichisch-ungarischer Außenminister 75
Annexionen 71
Antisemitismus 67, 88
Arbeiter 59 f., 62 f., 68, 83
Arbeiterverbände 62
Arbeitervereine 62
Arbeitslosigkeit 68
Armee, preußische 15
Asien 78
Außenpolitik 71–81, 88
Außenzölle 56

Bad Ems 33
Baden 24, 31, 45, 47
Balkan 12, 36, 72 ff., 79 f.
Balkankrise 73
Bamberger, Ludwig (1823–1899), liberaler Politiker 56
Banken 65 ff.
Bauernbefreiung 2
Baugewerbe 65, 68
Bayern 6 f., 24, 31, 44 f., 47
Bebel, August (1840–1913), sozialdemokratischer Politiker 59
Befreiungskriege 14 f., 33, 47
Belgien 32
Benedetti, Vincent Graf v., (1817–1900), französischer Gesandter in Berlin 33
Bennigsen, Rudolf v. (1824–1902), nationalliberaler Politiker 32, 56
Berlepsch, Hans Freiherr v. (1843–1926), preußischer Handelsminister 60
Berlin 14, 17 f., 39, 41, 61, 67, 71, 73 ff., 79, 85
Berliner Börsenpanik 67
Berliner Kongress (1878) 71, 74 ff., 79
Bevölkerungswachstum 3
Bewegung, liberale 5, 30
Bewegung, nationale 5, 22, 27, 30, 31, 35
Bildungsbürgertum 10, 87
Bildungsreformen 2, 5
Bismarck, Otto Fürst v. (1815–1898), preußischer Ministerpräsident, Reichskanzler 5 f., 8, 12, 16–23, 25, 27, 29 ff., 33–36, 40, 42, 45, 49–55, 57–64, 67 ff., 71–81, 83–88
Bochum 83
Böhmen 36
Bosnien 73, 75
Bosporus 12, 36, 71, 74 f.
Boulanger, Georges, französischer General 79
Braunschweig 45
„Brotkorbgesetz“ (1875) 49, 54
Budget 45
Budgetbewilligung 19 f., 57
Budgetrecht 16, 57
Bündnis 72 f., 76–79, 81, 83
Bündnispolitik 76 f.
Bürgerliches Gesetzbuch (1900) 56

Bürgertum 10, 14, 58
Bürokratie 2, 40, 44, 58
Bulgarien 74 f., 79 f.
Bund der Kommunisten 43
Bundesparlament 21
Bundesrat 44 ff., 52
Bundesreaktionsbeschluss (1851) 1, 9
Bundesstaat 1, 5 f., 24, 29, 39 f., 44 f.
Bundes-Vereinsgesetz (1854) 1, 9

Camphausen, Otto, preußischer Finanzminister 56
Centralverband Deutscher Industrieller (1876) 65, 68

Dänemark 17, 20, 22 f., 25 f.
Dänen 36, 43, 55
Dänischer Krieg (1864) 22 f.
Dardanellen 36, 71, 75
Delbrück, Rudolf (1817–1903), liberaler Politiker 56, 69
Depression 67 f.
Deutscher Buchdruckerverband (1866) 63
Deutsche Fortschrittspartei (1861) 11, 15, 20, 42 f., 52, 55, 57
Deutscher Bund 1 f., 4 ff., 8, 13, 17, 21 f., 24 f., 29 f., 32, 35 f., 45, 65
Deutscher Kaiser 29, 35, 39, 44 ff.
Deutscher Kolonial-Verein (1882) 78
Deutscher Krieg (1866) 17, 24 f., 31 f.
Deutscher Nationalverein 10 ff.
Deutscher Reformverein 10 ff.
Deutsches Kaiserreich 3, 15, 22, 25, 34 ff., 40 f., 43 f., 47, 54, 56, 65, 67, 78, 88
Deutsch-Freisinnige Partei 42, 85
Deutsch-Konservative Partei 42 f.
Deutschland 1–6, 8, 11, 13 f., 19 f., 22, 25, 29, 31, 34 ff., 40, 49, 52 f., 59, 65, 68, 71–81, 83, 88
Deutsch-Südwestafrika 78
Doppelmonarchie 25
Dortmund 83
Dreibund (1882) 71, 77 ff.
Drei-Kaiser-Abkommen (1873) 71 ff.
Drei-Kaiser-Bündnis (1881) 78 f.
Dreiklassenwahlrecht 15, 46
Dreikönigsbündnis 1, 6
Dualismus 2, 8, 12 f., 24
Düppeler Schanzen (1864) 23
Düsseldorf 60

„Ehrlicher Makler" 75
Einfuhrzölle 68, 80
Eisenbahnbau 56, 65 f.
Eisenindustrie 68
„Eisen und Blut" 7, 17 ff.
„Eiserner Kanzler" 22
Elsass-Lothringen 35 f., 40, 43, 55, 59
Emser Depesche (1870) 29, 33
England 12, 36, 71, 73 ff., 77 ff., 81
Erfurter Parlament 1, 6, 18
Erster Weltkrieg 75, 77, 81, 88
Essen 55, 83
Etat 19 f.
Europa 25, 36, 62, 71 ff., 78, 80, 88
Exekutive 39, 44 f.
Expatriierungsgesetz (1874) 49, 54

Falk, Adalbert v. (1827–1900), preußischer Kultusminister 53
Feste, nationale 5, 10 f., 14
Flottenpolitik 81
Fraktion 44
Frankfurt 12, 14, 24
Frankfurter Bundestag 18
Frankfurter Fürstentag (1863) 17, 21
Frankreich 12–15, 22 f., 25, 29, 31 ff., 36, 41, 55, 71–81
Franz Joseph I. (1830–1916), Kaiser von Österreich 21, 72
Freie Gewerkschaften 63
Freihandel 56, 65, 67
Freihandelspolitik 57, 65
Freikonservative Partei 42, 55, 64
Freisinnige Vaterlandsfreunde 14
Fremdherrschaft, napoleonische 3
Friede von Frankfurt (1871) 29, 35 f., 55
Friede von Prag (1866) 17, 25, 31
Friede von San Stefano 71, 74 f.

Friede von Wien (1871) 17, 23
Friedrich von Augustenburg (1829–1880), Thronkandidat von Schleswig-Holstein 22 f.
Friedrich III. (1831–1888), als Kronprinz Friedrich Wilhelm 1888 deutscher Kaiser 83 f.
Friedrich Wilhelm IV. (1795–1861), König von Preußen 1, 5, 11

Gartenlaube (Zeitschrift) 67
Geheimdiplomatie 33, 88
Genossenschaften 40, 49, 62 f., 68
Germania 41
Gesetz(e) 45 f., 52
Gesetzgebung 46 f.
Getreideproduktion 67
Getreidezölle 69, 80
Gewerbefreiheit 49, 56
Gewerbegesetz, preußisches (1869) 63
Gewerkschaften 40, 49, 62 f., 68, 88
Glaubensfreiheit 52
Gleichgewicht, europäisches 4, 13, 25, 71, 73 f., 80
Großagrarier 57
Großbritannien siehe England
Gründerjahre 65 f.
Gründerkrach 67
Gründerkrise 65 f., 68 f.
Grundrechte 44

Habsburger 13
Habsburgermonarchie 6, 26, 72, 74
Handel 69
Handwerk 69
Hannover 1, 6, 24
Heeresetat 19, 57, 64
Heeresreform 2, 16
Hegemonie 6, 13, 30 f., 35, 73
Herrenhaus, preußisches 15 f., 46
Herzegowina 73, 75
Hessen 24, 47
Hessen-Darmstadt 31, 45
Hirsch-Dunckersche-Gewerkvereine (1868) 63
Hochkonjunktur 55, 65, 67
Hohenzollern 33
Hohenzollern-Sigmaringen, Karl Anton Fürst v. (1811–1885), 1858–1862 preußischer Ministerpräsident 11
Hohenzollern-Sigmaringen, Leopold Fürst v. (1835–1905), 1870 Thronfolgekandidat in Spanien 33

Imperialismus 88
Indemnität 57
Indemnitätsvorlage 17, 20
Industrialisierung 2, 10, 55, 62, 87
Industrie 55, 66, 68 f.
Industriearbeiterschaft 10, 60, 87
Industriearbeiterstreiks 67
Industriegesellschaft 40, 63, 88
Industrieproduktion 66
Industriestaat 68
Innenpolitik 49–64
Innovationen, technische 68, 88
Interessengesellschaft 40
Interessengruppen 49 f., 58
Interessenkonflikte 62
Interessenparteien 46, 85
Interessenverbände 68
Internationale 58
Internationale Gewerksgenossenschaften 63
Isabella II. (1833–1868), spanische Königin 33
Italien 13, 23, 71, 75, 77 ff.
Itzenplitz, Heinrich Freiherr v. (1799–1883), preußischer Handelsminister 58

Jesuitenorden 49, 53 f.
Juden 67

Kabinettspolitik 88
„Kaiserliche Botschaft“ (1881) 61
Kamerun 78
Kampfgesetze 54
Kanzelparagraph (1871) 49, 52, 54
Kapitalmarkt 65 f.
Katholizismus 52, 54
Ketteler, Wilhelm Emmanuel v. (1811–1877), Mainzer Bischof 51
Kirche(n) 3, 40, 49, 52, 54, 88
Kirchenstaat 52
„Kissinger Diktat“ (1877) 71, 74
Klerus 58
Koalitionsfreiheit 63

Königgrätz (1866) 17, 24, 31, 33, 40
Kolonialpolitik 71, 78
Kommandogewalt 45
Konjunktur 67
Konservative 20, 42, 55, 57, 59, 64
Konsumgüterindustrie 55, 66, 68
Kontinentaleuropa 4, 36
Konvention von Gastein (1865) 17, 23 f.
Konzessionspflicht 66
Krankenversicherungsgesetz (1883) 49, 62
Krieg gegen Frankreich (1870/71) 22, 29, 33 f., 55
Krieg gegen Österreich (1866) 17, 20, 22
„Krieg-in-Sicht-Krise“ (1875) 71, 73 f.
Krimkrieg (1853–1856) 1, 12 f., 36, 72
Kulturexamen 53
Kulturkampf 49, 51 ff.
Kulturnation 3
Kurhessen 8, 24

Landadel 40, 58
Landtag, preußischer 15 f., 18 f.
Landwehr, preußische 15 f.
Landwirtschaft 55, 65, 67, 69
Lassalle, Ferdinand (1825–1864), 59
Lauenburg 23
Lebensmittelpreise 69
Legislative 45
Leo XIII. (1810–1903) 54
Leipzig, Turnfest (1863) 14
Leipzig, Völkerschlacht (1813) 3
Liberale 5, 13, 20, 51 f., 55 ff., 67 f.
Liebknecht, Wilhelm (1826–1900), sozialdemokrat. Politiker 59
Linksliberale 64
List, Friedrich (1789–1846) 2
Lombardo-Venetien 13
Londoner Protokoll (1852) 22
Ludwig II. (1845–1886), König von Bayern 35
Lückentheorie 19 f.
Luxemburg 32, 36

Mächtegleichgewicht siehe Gleichgewicht, europäisches
Märzunruhen 14
Maigesetze (1873) 49, 53 f.
Manteuffel, Otto Theodor Freiherr v. (1805–1882), preußischer Ministerpräsident und Außenminister 11
Mark, deutsche 49, 56
Maschinenbau 66, 68
Matrikularbeiträge 44, 69
Mecklenburg 47
Mecklenburg-Schwerin 45
Meerengen 12, 75, 79 f.
Mehrheitsprinzip 30
Mehrheitswahlrecht 46
Militär 24, 33, 40 f., 44, 57 f., 87
Militäretat 44
Militärpolitik 64
Militärreform 15, 19 f.
Militärvorlage 15 f.
Militärwesen 44, 57
Mitteleuropa 4, 25, 36
Mittelmeer 36, 75, 79
Mittelmeerabkommen (1887) 71, 79
Mittelstaaten 6, 8
Mobilität 2 f.
Moltke, Helmuth Graf v. (1800–1891), preußischer General 34
Monarchisches Prinzip 4, 15, 25, 27
Montanindustrie 65 f., 68
Montenegro 74

Napoleon I. (1769–1821), 1804–1814 Kaiser der Franzosen 3, 14 f., 33
Napoleon III. (1808–1873), 1852–1870 Kaiser der Franzosen 13, 25, 31, 33 f.
Napoleonische Ära 2, 29
Nassau 24
Nation 4
Nationalbewegung 9, 11, 13, 27, 31, 35, 39, 43, 54
Nationalgedanke 3, 5, 11
Nationalismus 88

Nationalliberale Partei (1867) 20, 29, 42 ff., 51, 54 ff., 59, 64
Nationalstaat 3 ff., 19, 29, 36, 39 f., 42 f., 49, 51, 55 ff., 68, 71 f., 87
Nationalstaatsbildung 3, 35
Neue Ära 11
„Nibelungentreue“ 81
Nordafrika 77
Norddeutscher Bund (1867) 17, 29 f., 32, 35, 42, 63
Nordost-Neuguinea (Kaiser-Wilhelms-Land) 78
Nordschleswig 43
Nova Britannia (Bismarck-Archipel) 79

Oberschlesien 65
Österreich 1 ff., 5 ff., 12 ff., 17, 20–25, 30 f., 36, 42, 51, 71 – 75, 77, 79 f.
Österreich-Ungarn 36, 71, 74–77, 79 ff.
„Ohrfeigenbrief“ (1879) 75
Orient-Dreibund (1887) 78
Ortskrankenkassen 62
Osmanisches Reich 12, 74, 74
Ostafrika 78
Ostasien 36
Ostpreußen 25, 43
Ostrumelien 80

Paris 18, 29, 34 f.
Pariser Kommune 59
Parlamentarismus 45, 57
Partei(en) 9, 40, 42–46, 49–60, 63 f., 69, 84 f., 88
Paulskirche 1, 5, 12
„Persönliches Regiment“ 81, 84
Personalunion 22
Pfalz, bayerische 31
Piemont-Sardinien 13
Pius IX. (1792–1878), seit 1846 Papst 51, 54
Polen 36, 43, 55
Präventivkrieg 73, 79, 83
Presse 9, 52, 85
Pressefreiheit 20, 52, 56
Pressegesetz 12, 56, 59
Pressezensur 11
Preußen 1 f., 5–8,11–14, 17, 19–25, 29–33, 40, 42 f., 45 f., 51, 53 f., 83, 87 f.
Produktivität 68
Proletariat 59
Protestantismus, preußischer 43

Quanta cura, Enzyklika (1864) 51

Rastatt 1
Rationalisierung 65, 68
Reaktion 2, 9
Realpolitik 5, 20, 22
Realunion 22
Rechtsgleichheit 40, 59
Rechtswesen 56
Reformen 2 f.
Reichsbank 49, 56
Reichsbudget 57
Reichseinigung 22, 55
Reichsfeinde 58 f.
Reichsgründung 2, 9 f., 35, 39, 43, 45, 51, 57, 65, 74
Reichshaushaltsgesetz 57
Reichskanzler 44 ff., 50, 55, 57 f., 69, 74 f., 79 f., 83 ff., 88
Reichspressegesetz (1874/75) 56, 59
Reichsproklamation 49
Reichsregierung 46, 49, 52
Reichstag, deutscher 39, 41 f., 44 ff., 52, 54 f., 57, 59 f., 64, 69
Reichstag, norddeutscher 30, 32
Reichstagsdebatten 46
Reichstagswahl(en) 51, 54 f., 59, 64
Reparationen 55, 65, 71
Repression 9
Reservatrechte 35, 44
Restauration 4 ff.
Restaurationszeit 3, 9, 56
Revision 12, 36
Revolution von 1848/49 1–6, 14
Revolution „von oben“ 25, 27
Rheingrenze 13
Rheinhessen 31
Rheinprovinz 25, 32
Richter, Eugen (1833–1906), liberaler Politiker 85
Roon, Albrecht Graf v. (1803–1879), 1859–1873 preußischer Kriegsminister 15 f.
Rückversicherungsvertrag (1887) 71, 79 ff.

– „ganz geheimes Zusatzprotokoll“ 80
Rüstungsindustrie 65

Ruhrgebiet 55, 65, 83
Russland 12 f., 23, 25, 36, 71–81, 83

Saarbrücken 34
Saarrevier 65
Sachsen 1, 6, 24, 44 ff., 65
Sängervereine 4, 10, 14
Sankt Petersburg 18
Schaukelpolitik 49 f.
Schillergedenkfeiern 10 f., 14
Schleswig-Holstein-Konflikt 22 f.
Schönhausen / Elbe 17
Schützenvereine 4, 11, 14
Schulaufsichtsgesetz (1872) 49, 53
Schutz- und Trutzbündnisse (1867) 29, 31
Schutzzollpolitik 57, 65, 67 ff., 85
Schutzzollvorlage 63
Schwarzenberg, Felix Fürst v. (1800–1852), österreichischer Ministerpräsident und Außenminister 8
Schwarzes Meer 36, 75, 79
Schweiz 60
Schwerindustrie 55, 57
Sedan 29, 34
Sedanstag 41
Septennat 57, 64
Serbien 75, 79
Solidarität 73 f.
Souveränität 44, 52
„Sozialdemokrat“ (Zeitschrift) 60
Sozialdemokraten 42, 55, 57 ff., 64, 85
Sozialdemokratie 49, 57 ff., 85
Sozialdemokratische Arbeiterpartei Deutschlands (1869) 29,43, 59
Sozialdemokratische Partei Deutschlands (1890) 43
Sozialistische Arbeiterpartei Deutschlands (1875) 43, 49, 59
Soziale Frage 61
Sozialgesetze 62, 64
Sozialgesetzgebung 62
Sozialistengesetz (= Gesetz gegen die gemeingefährlichen Bestrebungen der Sozialdemokratie, 1878) 60, 63 f.
Sozialpolitik 44, 61
Spekulationen 66 f.
Spichern 34
Staatenbund 45
Staatsetat 46
Ständeversammlung 47
Stahlindustrie 68
Status quo 71, 78 f.
Steinkohleproduktion 66
Steuer(n) 44, 47
Steuerreform 57
Strafgesetzbuch (1871) 49, 56
Strafprozessordnung (1877) 49, 56
Streik 62 f., 67, 83
Südbund 31
Sybel, Heinrich v. (1817–1895), Historiker 39
Syllabus Errorum, Beilage zu Quanta cura (1864) 51

Tendenzpolitik 50
Textilindustrie 55, 66, 68
Thronfolge, spanische 29, 33
Togo 78
Treitschke, Heinrich v. (1834–1896), Historiker 50
Türkei 74
Tunesien 77 f.
Turnvereine 4, 10, 14

Ultramontan 52
Unfallversicherungsgesetz (1884) 49, 62
Unfehlbarkeit, päpstliche 52
Union 6
Unternehmer 62, 68
Unterstützungskassen 68

Venetien 13, 25
Verbände 40, 49, 60, 62, 69
Vereine 4 f., 9 f., 14, 49, 59 f., 62 f., 68
Vereinigung der Steuer- und Wirtschaftsreformer (1876) 65, 68
Verfassung, deutsche 39 f., 42, 44 ff., 49
Verfassung, preußische 19 ff.
Verfassungskonflikt, preußischer 7, 14, 17

Versailles 29, 35
Vertrag von Olmütz (1850) 1, 8
Vetorecht 45
Virchow, Rudolf (1821–1902), liberaler Politiker 52
Volkssouveränität 14, 52
Vorderer Orient 78

Wachstum, wirtschaftliches 68
Wahl(en) 20 f., 42, 46, 51, 54 f., 59 f.
Wahlkreise 46
Wahlrecht 15, 30, 44, 46 f., 59, 64
Weißenburg 34
Wettbewerb 69
Wien 23
Wiener Kongress (1815) 4, 13, 25, 29
Wilhelm I. (1797–1888), 1861 preußischer König, 1871 deutscher Kaiser 11, 14 ff., 21, 29, 33, 35, 39, 59, 61, 75, 83
Wilhelm II. (1859–1941), 1888 deutscher Kaiser 81, 83 f.
Wilhelminismus 79
Windthorst, Ludwig (1812 –1891), Führer der Zentrumspartei 44, 51 ff.
Wirtschaft, deutsche 65, 68
Wirtschaft, gewerbliche 68
Wirtschaftsbürgertum 9 f.
Wirtschaftskrise 57, 67
Wirtschaftsmonopole 57
Wirtschaftspolitik 66, 68 f.
Wörth 34
Wohnungsbau 66
Wohnungsnot 67
Württemberg 6, 17, 31, 44 f., 47

Zensur 3, 9, 11, 56
Zentrumspartei 42 ff., 49, 51 f., 54 f., 57, 59, 64
Zivilehe (1875) 49, 54
Zivilrecht 56
Zölle 44, 56, 68 f., 80
Zollverein, Deutscher (1834) 2, 8 f., 21, 29 f.
Zürich 60
Zweibund (1879) 71, 76 f.
Zypern 75

Bildnachweis

bpk: Titelbild, S. 84 rechts (M. Ziesler), S. 1 (SPK/Thomann), 15 (Adolf Braun), 21, 27, 30, 35 (B. P. Rudolphy), 39 (Loescher Petsch), 50, 52, 61, 72 mittl., 76, 85

Getty Images: S. 4, 32 (Roger Viollet)

ullstein bild: S. 9 (Archiv Gerstenberg)

S. 7: Kladderadatsch, Nr. 47/1859 (Wilhelm Scholz),

S. 18 links: Porzellanbild von Philipp Petri (1833). Friedrichsruh, Schloss

S. 18 rechts: Johanna Puttkamer als Braut; nach einem Bild aus dem Jahr 1847

S. 24: Hannover, Historisches Museum am Hohen Ufer

S. 26: Karte nach: Gottfried Korff (Hg.): Preußen. Versuch einer Bilanz. Reinbek: Rowohlt 1981, S. 39; © Berliner Festspiele GmbH, Berlin 1981

S. 34: Historisches Bildarchiv, Bad Berneck

S. 41: Germanisches Nationalmuseum, Nürnberg

S. 53: Der Ulk, Nr. 9 vom 22.5.1872; Holzschnitt von Hermann Scherenberg

S. 55: Historisches Archiv der Friedrich Krupp GmbH, Villa Hügel

S. 59: Gemälde von Friedrich Emil Klein, 1909

S. 64: Kladderadatsch, 1880 (Wilhelm Scholz)

S. 66: Historisches Institut der Deutschen Bank

S. 78: Kladderadatsch, 1884 (Wilhelm Scholz)

S. 81: Kladderadatsch, 1888 (Wilhelm Scholz)

S. 86 links: Bismarck-Denkmal von Hugo Lederer in Hamburg, 1906; Foto: Dirk Reinartz, Buxtehude

S. 86 rechts: Deutsches Historisches Museum, Berlin

Notizen

Notizen

Ihre Meinung ist uns wichtig!

Ihre Anregungen sind uns immer willkommen. Bitte informieren Sie uns mit diesem Schein über Ihre Verbesserungsvorschläge!

Titel-Nr.	Seite	Vorschlag

Bitte hier abtrennen

Die echten Hilfen zum Lernen ... **STARK**

Zutreffendes bitte ankreuzen!

Die Absenderin/der Absender ist:

- ☐ Lehrer/in in den Klassenstufen: ______
- ☐ Fachbetreuer/in
  Fächer: ______
- ☐ Seminarlehrer/in
  Fächer: ______
- ☐ Regierungsfachberater/in
  Fächer: ______
- ☐ Oberstufenbetreuer/in
- ☐ Schulleiter/in
- ☐ Referendar/in, Termin 2. Staatsexamen: ______
- ☐ Leiter/in Lehrerbibliothek
- ☐ Leiter/in Schülerbibliothek
- ☐ Sekretariat
- ☐ Eltern
- ☐ Schüler/in, Klasse: ______
- ☐ Sonstiges: ______

Unterrichtsfächer: (Bei Lehrkräften!)

______

STARK Verlag
Postfach 1852
85318 Freising

18-V1T

Bitte ausfüllen und im frankierten Umschlag an uns einsenden. Für Fensterkuverts geeignet.

Kennen Sie Ihre Kundennummer?
Bitte hier eintragen.

Absender (Bitte in Druckbuchstaben!)

Name/Vorname

Straße/Nr.

PLZ/Ort/Ortsteil

Telefon privat

Geburtsjahr

E-Mail

Schule/Schulstempel (Bitte immer angeben!)

Bitte hier abtrennen

(Bitte blättern Sie um)